챗GPT가 내 생각을 훔친다면?

일러두기

- 맞춤법과 외래어 표기법은 국립국어원의 원칙에 따르되, 이미 널리 통용되는 표현일 경우 그대로 표기했습니다.
- 단행본·정기 간행물·신문은 『 』, 보고서·단편 작품은 「 」, 방송 프로그램·사진·그림 작품은 〈 〉로 묶어 표기했습니다.
- 지식재산권(IP), 인공지능(AI), 글꼴(폰트)처럼 동일한 의미의 한 단어가 한글과 영어로 이미 널리 같이 쓰이는 경우는 책에서도 내용 흐름에 따라 적절하게 표기했습니다.

미래 세대를 위한 지식재산권 수업

챗GPT가
내 생각을 훔친다면?

김미주 지음

프롤로그
지금, '지식재산권'을 알아야 할 때

"아는 것이 힘이다."라는 말, 많이 들어 보셨지요? 요즘 처럼 지식과 정보가 넘쳐 나는 세상에서는 너무 빠르게 느껴지는 말인지도 모르겠습니다. 그렇다면 이 말을 살짝 바꿔 보면 어떨까요? '아는 것이 재산이다!'라고요.

재산이라는 말에 귀가 번쩍 뜨였을까요? 단어의 차이가 있을 뿐, 사실 의미하는 바는 동일할 겁니다. 아는 것이 '힘'이자 '재산'이 된다는 것은 나를 지키고 우리를 보호하는 기본이 되는 것이니까요.

'가만히 있으니까 가마니로 보는 시대'라고도 하고 '눈 뜨고 호구 되는 세상'이라고도 합니다. "개인 정보는 무슨, 이젠 '공공재' 아닌가요?" 하는 씁쓸한 농담도 들려옵니다. 왜 이런 말들이 곳곳에서 퍼져 나올까 생각해 보니, '잘 몰라서' '제대로 알지 못해서' 생겨난 일들로 피해를 입거나 억울한 상황이 벌어져서 아닐까 싶었습니다.

요즘은 하나를 알면 둘 이상을 얻을 수 있는 세상입니다. 관심을 두고 딱 하나를 알게 되어도, 이후 알고리즘과 빅데이터로 인해 꼬리에 꼬리를 물고 정보와 지식이 나에게 따라옵니다.

그런데 여기에서 중요한 것이 있어요. 하나를 알고, 둘을 알고, 셋을 알아 간다고 해서 이게 다 '내 것'은 아니라는 점입니다. 내 SNS에 올린 글귀나 사진 이미지가 누군가의 창작 활동에 도움을 주는 '정보 제공'이 될 수 있어요. 나도 모르는 사이 누군가 내 저작권을 무단으로 침해하는 일이 생기는 겁니다. 또는 그 반대의 경우도 일어나지요. 재미 삼아 가져온 캐릭터 도안이나 사진 이미지, 좋아서 따라 한 커버 댄스나 영화 편집, 친구들과 공유한 링크 등은 자칫 저작권법 위반이 될 수 있거든요. '하늘 아래 새로운 것 없는 세상'이라지만, 원치 않게 불편한 기분을 느끼는 일이 누구에게든 생길 수 있습니다. 저작권의 피해를 입을 수도 있고, 때로는 누군가에게 피해를 끼칠 수도 있습니다.

"몰랐을 뿐인데도 죄가 되나요?"
"취미로 한 일인데 잘못이라고요?"
"상업적 용도도 아닌데, 공유하면 좀 어때요?"
"누가 허락 없이 제 것을 베꼈어요. 어떻게 대응할까요?"
"유명하지 않으면 법적 보호도 못 받나요?"

한순간 세상 억울해지고 화나는 순간을 맞닥뜨릴지도 모릅니다. '왜 나만 늘 당하는 건가?' 하는 생각에 젖어들어 우울해질 수도 있고요. 그래서, 이 이야기를 청소년 여러분과 나눠 봐야겠다는 마음이 들었습니다.

지식재산권은 적용 범위와 논의 영역이 점차 확장되고 복잡해지고 있습니다. 법적 보호 아래 어떻게 적용되는지, 예외성은 없는지, 위법인지 아닌지, 질문을 보내오고 조언을 얻고자 하는 다양한 사례들이 셀 수 없이 늘어갑니다. 그중에서도 요즘은 'AI(인공지능)'를 기반으로 한 궁금증이 무척 많아요. 여러분도 챗GPT나 너티 등의 프로그램을 사용해 본 적 있나요? 딥러닝 AI 프로그램이 점차 발전하고 있잖아요.

일상생활을 좀 더 편리하고 효율적으로 이끄는 데 도움 된다면 좋은 일이지만, 모든 것에는 빛과 그림자가 공존합니다. 딥러닝 AI 프로그램이 활성화되면서 빼놓을 수 없는 첨예한 문제가 바로 저작권입니다. 챗GPT의 방대한 정보력은 '출처'를 밝히지 않기에 어떠한 경로로 어떻게 수집된 자료인지 알 수가 없습니다. 그렇기 때문에 누구든 언제라도 "예전에 내가 블로그에 써 놓은 글과 비슷한데?"라는 생각을 할 수도 있는 겁니다.

지금 우리에게 지식재산권이 중요한 이유, 더 말하지 않아도 알겠지요? '아는 것이 힘이 되고 재산이 될 수 있도록' 지식재산권을 이해하여 앞으로의 세상을 준비해 갈 수 있도록 알차게 이야기를 풀어 보았습니다.

먼저 1부에서는 '쉽게 익히는 지식재산권'을 함께 알아 갑니다. AI도 저작권을 가질 수 있는지, 메타버스 내 가상상품의 저작권은 어떻게 적용되는지, BTS 치킨이나 서울대병원 같은 상표권은 위법인지 아닌지 궁금하지 않나요?

2부에서는 '저작권이라는 수수께끼'를 파헤칩니다. 무료 폰트는 정말 저작권으로부터 자유로운지, 레시피에는 저작권이 없는지, 색깔이나 지도나 향기, 맛에는 저작권이 있는지, 캐릭터에도 저작권이 있는지 등 궁금했던 저작권 이슈를 한데 모았습니다.

3부에서는 알아 두면 쓸모 많은 지식재산권의 사례를 소개합니다. 유명한 사진으로 꾸민 SNS 프사, 전공 책 스캔, 시험 족보, 커버 댄스, 영화 리뷰, 필사 문장 등 실질적으로 저작권이 일상에 적용되는 경우들을 통해 유익한 정보를 전하고자 합니다.

알면 알수록 도움 되는 지식재산권 이야기, 그럼 지금부터 시작할게요.

차례

Part 2
있을까? 없을까? 저작권이라는 수수께끼

무엇이든 물어봐도 되나요?

지식재산권이 뭔지, 저작권에 대해 어떻게 알아 가야 하는 지, 궁금한가요? 여기 질문 많은 네 명의 청소년이 여러분을 대신하여 김미주 선생님께 무엇이든 물어보겠습니다. 출동!

김미주

변호사. 현재 '법률사무소 미주'를 운영하며 온라인 환경에서 캐릭터, 콘텐츠, 상표 등 지식재산권을 둘러싼 일상 속 다양한 침해대응 업무를 맡고 있다.

친구들이 이상하다고 놀려도 꿋꿋이 책을 읽는 독서광. 좋아하는 구절을 필사하고, '다꾸'에 진심.

학생 A

유튜브 크리에이터가 꿈. 요리에 관심이 많고, 취미로 브이로그를 찍는다.

학생 B

스트레스를 몸으로 푸는 타입! 커버 댄스를 즐겨 추고, 다양한 음악을 좋아한다.

학생 D

아이돌 덕후. '금사빠'라는 게 단점이자 장점.

시작 전, 기초 용어 다지기

누군가 다른 사람의 것을 모방하거나 따라 했을 때, 사람들은 "너 지금 저작권 침해한 거야!"라고 이야기합니다. "그런데 나는 저작권을 침해하지 않았어. 특허권을 침해한 거야."라고 답한다면 어떨까요? 듣는 입장에서는 "그게 그거 아닌가? 무슨 소리지……?" 어리둥절해할지도 모릅니다. 특허권, 저작권…… 다 같은 의미 아니냐고요?

∴ 특허권? 저작권? 차이부터 알아보자!

우리는 흔히 창작물에 대한 본인의 권리를 '저작권'이라고 통용해서 씁니다. 그런데 실은 저작권뿐 아니라 특허권, 디자인권, 실용신안권 등 다양한 명칭이 있고, 이들 모두는 '지식재산권'에 포함됩니다.

지식재산권은 무엇일까요? 본격적인 이야기에 들어가

기에 앞서, 지식재산권에 대해 간단히 정리해 보겠습니다.

요즘 뉴스 기사나 인터넷을 통해 'IP'라는 단어가 자주 나오지요? IP(Intellectual Property rights)가 바로 지식재산권입니다. 지식재산권이란 '인간의 창조적 활동 또는 경험 등을 통해 창출하거나 발견한 지식·정보·기술이나 표현, 표시 그 밖에 무형적인 것으로 재산적 가치가 실현될 수 있는 지적창작물에 부여된 권리'를 말합니다. 즉, '인간의 지적 창조물에 대해 법이 부여한 권리'를 뜻해요.

지식재산권은 크게 산업재산권과 저작권으로 구분됩니다.

산업재산권: '산업상 이용가치를 갖는 발명 등에 관한 권리'를 말하며 산업영역에의 기여에 대한 보호를 본질로 한다. 산업재산권은 특허권, 실용신안권, 디자인권, 상표권을 포함하는 개념이다.

저작권: '인간의 사상 또는 감정을 표현한 창작물인 저작물에 대해 법적으로 가지는 권리'를 말하며 문화영역에 대한 보호를 본질로 한다. 저작권은 저작인격권과 저작재산권으로 구분된다.

산업재산권과 저작권은 본질적으로 보호하고자 하는 목적이 다름을 알 수 있습니다. 또한 가장 큰 차이는 '보호 방법'에 있어요. 산업재산권은 특허청에 등록을 하면서 취득됩니다. 산업재산권은 등록한 국가에 한해 보호되므로 다른 국가에서도 그 권리가 인정되기 위해서는 국제출원 또는 각국에 따로 출원하여 권리화해야 합니다.

반면, 저작권의 경우는 별도의 등록 절차가 필요하지 않습니다. 저작권법 제10조 2항에 따라 저작권의 발생은 저작물의 창작과 동시에 이루어지게 됩니다. 관리 주체 또한 산업재산권과 달리 문화체육관광부에서 맡고 있지요.

다시 간단히 요약하자면, 우리가 알고 있는 저작권과 특허권은 지식재산권이라는 큰 범주 안에 있는 권리입니다. 이를 바탕으로, 앞으로 진행될 내용과 세부 설명을 잘 파악할 수 있을 거예요. 자, 함께 1부로 넘어가 보겠습니다.

Part 1

왜 그럴까?
쉽게 익히는 지식재산권

1
AI와 가상세계의 저작권

궁금증 맛보기

☑ 미술 대회에 AI가 그린 그림을 출품해도 문제가 없나요?

☑ 외국은 AI 그림의 지식재산권을 인정하는 분위기인가요?

☑ 일상 속 다양한 안내 음성이나 AI 노래는 저작권 보호를 받을 수 있나요?

☑ 챗GPT의 정보 출처는 어디이고, 어디까지 신뢰할 수 있을까요?

☑ 가상세계에서 판매하는 물건은 저작권을 가질 수 있나요?

AI가 그린 그림, 저작권은 누가 가질까?

 오늘의 질문

미술 숙제, 하나도 걱정 없어요! 똥손이라 그림 정말 못 그리는데 이제 AI가 대신 그려 준다니까요. 대회에서 상도 탔다면서요. 로봇이니까 저작권 같은 건 없겠죠? 아닌가? 로봇도 저작권이 있나요?

2022년 가을, 미국의 한 미술 대회 대상작을 두고 연일 이슈가 끊이질 않았습니다. 아마 뉴스를 통해 이미 이 사건을 접했을지도 모르겠습니다. 알듯 말듯 기억이 나나요? 대체 무슨 일이길래 전 세계적인 화젯거리가 되었을까요? 다음의 그림을 함께 보겠습니다.

멋진 그림이지요? 화려한 색감과 입체적 이미지는 인터넷으로 검색하면 한눈에 확인할 수 있을 거예요. 2021년 미국 콜로라도에서 열린 미술 대회에서 대상을 탄 작품 '스페이스 오페라 극장'(Théâtre D'opéra Spatial)입니다. 그런데 이 그림의 숨겨진 비밀이 있습니다. 이 그림은 실제 붓과 물감을 전혀 사용하지 않고 AI가 그려 낸 작품입니다. 이리 보고 저리 보고 아무리 봐도 진짜 그림 같다고요?

여기서 질문! 미술 대회에 사람이 아닌 AI가 그린 작품을 내도 전혀 문제가 없는 걸까요?

⋰ 짜잔, 나도 오늘부터 예술가입니다?

해당 그림의 수상에 관해 많은 논란이 일었습니다. 하

지만 이 대회에서는 AI에 대한 규제 사항이 없었기 때문에 수상 번복은 없었습니다. 이 그림은 어떻게 그려지게 된 것이었을까요? AI가 탑재된 로봇이 붓을 잡고 직접 그림을 그린 걸까요?

그렇지는 않습니다. AI 그림을 생성하는 방법을 어렵지 않게 알 수 있었어요. 먼저 '미드저니'(Midjourney)라는 프로그램을 사용하여 여러 이미지들을 생성한 뒤, 또 다른 AI 프로그램을 사용하여 해상도를 높였습니다. 미드저니 프로그램은 사용자가 원하는 키워드를 입력하면 키워드에 맞는 이미지를 바로 생성해 줍니다. 누구나 쉽게 사용할 수 있지요.

그렇다면 이렇게 생성된 이미지의 주인은 과연 누구일까요? 일반적으로 "내가 입력한 키워드로 만들어진 그림이니 내 것!"이라 생각할 수 있지만, 법적으로는 저작권 인정이 어렵습니다. 그 이유는 현행 저작권법 제2조를 보면 알 수 있습니다. 저작물을 '인간의 사상 또는 감정을 표현한 창작물'로 정의하고 있기 때문이지요. 즉, 인간이 표현한 것이어야만 인정이 됩니다.

이에 관해 지금도 여러 의견들이 날카롭게 대립하고 있습니다. 한쪽에서는 "붓과 물감, 혹은 기타 미술 도구처럼 AI 프로그램도 창작을 위한 '도구'로 봐야 한다. 키워드를 생각하고, 사진 선정과 보정 작업 등을 거치는 과정은 인간의 노력과 창작성이 포함된 것이다."라고 주장하고 있습니다. 하지만 해외 판례를 보면 여전히 AI가 그린 그림에 대해 저작권을 인정하지 않는 사례가 많습니다.

그러나 이 그림이 발표된 직후, 저작권청(USCO)에서 AI 작품을 인정한 사례가 나왔습니다. 해당 작품은 '새벽의 자리야'(Zarya of the Dawn)라는 만화로, 총 18페이지로 구성되어 있습니다. 만화 내 모든 그림은 위에서 말한 미드저니 AI 프로그램을 통해 그려 낸 그림으로 구성되어 있고요.

∷ 쉽고 빠른 창작은 인간을 대체할까, 아니면 인간이 필요에 따라 이용할까

그렇다면 미국은 AI 그림에 대해 본격적으로 지식재산권을 인정하는 태도로 바뀐 걸까요?

마냥 그렇다고 볼 수는 없답니다. 미국 저작권청도 처음 심사에서 "AI 저작권으로 인정하지 않는다."는 태도를 계속 고수했으나, 만화 작가의 추가 서류를 확인한 후 결국 저작권을 승인했습니다. 승인 근거로, 미국 저작권청은 "만화 속 그림을 생성한 것은 AI지만 작가 카시타노바가 만화의 전체 줄거리를 만들고, 여러 이미지를 결합해 하나의 작품으로 만든 것이기 때문에 저작권이 인정된다."고 말했습니다.

즉, AI를 창작을 위한 하나의 도구로 봤다는 것이지요. 이는 기존에 AI를 붓과 물감과 같은 기타 미술 도구처럼 보자는 입장을 강화하는 판단이라 볼 수 있겠습니다.

그럼에도 여전히 미국 저작권청은 "미국법에 따른 저작권은 인간의 저작이 필요하다. 오직 AI 기술이 탑재된 기계에 의해 창작된 작품에 대해서는 허가하지 않을 것"이라는 강경한 태도를 취하면서 AI 저작권 인정에 대해 무척이나 신중한 태도를 유지하고 있습니다.

전 세계를 통틀어 AI 기술이 하루가 다르게 발전하고 있지요. 최근에는 AI 프로그램에 예술가의 이름을 입력하면 그 사람의 화풍과 유사한 그림을 만들 수 있거나, 기존 명화를 보고 나머지 배경까지 만들어 주기도 합니다. 이제 누구나 쉽게 미술가가 될 수 있는 환경이 열린 것 같습니다.

앞으로는 분야를 막론하고 더 많은 AI 작품들이 쏟아

져 나올 것이 분명합니다. 무료로 다양한 소스를 사용할 수 있는 소비자의 입장과 AI를 통해 만들어진 창작물을 인정받고 싶은 창작자의 입장 사이에 어떠한 교합점이 필요할까요? 또한 인간을 대체할 수 있는 AI와 인간이 이용할 수 있는 AI 사이에 우리가 어떠한 태도를 취해야 할지도 곰곰 생각해 보게 됩니다.

AI 음성 특허,
소리에도 저작권이 있을까?

 오늘의 질문

'금쪽이' 목소리를 얼마 전 다른 프로그램에서 들었어요. 익숙한 목소리라 단번에 알아맞혔는데, 금쪽이가 아니더라고요. 기계음이긴 해도 캐릭터가 있는데 왜 많고 많은 목소리 중에 금쪽이를⋯⋯ AI 음성에는 저작권이 없어서 그런가요?

거리를 다니다 보면 다양한 소리가 귓가에 들려옵니다. 시끄러운 기계음 소리, 다음 정거장을 알리는 버스나 열차 내 안내 방송, "음성 사서함으로 연결되오니⋯⋯."처럼 누군가 전화를 받지 않을 때 나오는 음성, TV 프로그램의 익숙한 캐릭터 목소리 등 세상에는 무수한 소리들이 있습니다. 과연 이러한 소리들도 저작권 보호를 받을 수 있는 저작물일까요?

⠿ 당신의 목소리는 누구 것인가요

새들의 지저귐, 바람 소리, 파도 소리와 같은 자연의 소리는 저작권으로 보호받을 수 없습니다. 저작권이란, 인간의 사상 또는 감정을 표현한 창작물을 보호함을 원칙으로 하니까요. 이와 같은 자연의 소리는 인간이 만든 것이 아닐뿐더러 독점적 권리를 주장하기도 힘듭니다.

만약 자연의 소리를 직접 녹음하여, 하나의 가공된 파일로 만든 경우에는 저작권법에서 설명하는 '음이 유형물에 고정된 것'을 말하기 때문에 저작권법의 보호를 받을 수 있는 가능성이 있긴 합니다.

> 저작권법 제2조(정의) 이 법에서 사용하는 용어의 뜻은 다음과 같다. 5. "음반"은 음(음성·음향을 말한다. 이하 같다)이 유형물에 고정된 것(음을 디지털화한 것을 포함한다)을 말한다. 다만, 음이 영상과 함께 고정된 것을 제외한다.

그렇다고 이것이 소리 자체를 보호한다고는 볼 수 없기에 AI 음성의 저작권과 관련된 문제가 요즘 화두입니다. 대표적으로 '로커스'라는 회사가 만든 가상인간 로지를 예로

들 수 있는데요. 로지가 2022년 음원을 발매하면서 저작권 이슈가 떠올랐습니다. 어떤 점이 문제가 되었던 것일까요?

노래를 발표하면 작곡가와 작사가는 해당 곡의 저작권을 가지게 됩니다. 가수의 경우에는 음원에 관해 '실연권'이라는 저작인접권을 가지게 되고요. 실연권에 대해 알려면 저작인접권이 무엇인지 살펴봐야겠지요? 저작인접권은 창작된 표현을 보호하는 저작권은 아니지만, 그에 유사한 역할을 하기에 저작권법에 의해 저작권에 준하여 보호되는 권리를 말합니다. 실연자의 권리, 음반제작자의 권리, 방송제작자의 권리가 해당돼요. 실연자는 가수나 연주자, 배우 등 저작물을 연기·무용·연주·가창 등 그 밖의 예능적 방법으로 표현하거나 저작물이 아닌 것을 이와 유사한 방법으로 표현하는 실연을 하는 자를 말합니다.

즉, 실연자는 해당 저작물에 대한 실연자임을 주장할 수 있고, 해당 저작물의 내용·형식과 제호의 동일성을 유지할 수 있는 권리를 가집니다. 만약 타인이 저작물을 복제·배포·대여·공연·방송·전송 할 경우에는 금전적 대가를 요구하는 것도 가능합니다. 저작물이 포함된 음반이 방송에 사용됐거나 이를 통해 공연을 하는 것에 대한 보상청구권도 가지고 있습니다.

◌ 갈수록 복잡한 AI 저작권 이슈

하지만 로지와 같은 가상인간이 음성합성 기능을 통해 만들어진 목소리를 활용해 디지털 음원뿐 아니라 음반까지 출시한다면, 기존 가수들처럼 실연권 행사가 가능할까요? AI 음성의 저작권 관련한 문제가 바로 여기에 있습니다.

현행법상 가상인간의 실연권 행사는 어려워 보입니다. 앞서 말했듯 현행 저작권법은 저작물이 인간이 창작한 것으로 정의하고 있기에 인공지능에는 인격이 없다고 판단합니다. 따라서 현재 관점에서는 이 또한 인정되지 않을 가능성이 매우 크다고 볼 수 있지요.

"그렇다면 AI를 만든 사람에게 저작권을 부여하면 되는 것 아니냐?" 하는 의견도 나오고 있는데요. 이러한 주장도 신중히 살펴야 합니다.

AI 프로그램을 실제로 제작한 사람과 이를 출시하게끔 도운 기업 중 누구에게 저작권을 줘야 하는지 문제가 생기기 때문입니다. 한국저작권위원회는 "인공지능 창작물에 대해 현행 저작권 제도를 그대로 적용하는 것은 과잉보호에 해당될 수 있으므로 보호의 필요성을 고려해 권리의 내용 및 인정 범위를 제한할 필요가 있다."고 언급했습니다.

인공지능 창작물 중 일정 가치가 있는 것만을 꼽아 저

작권을 인정하거나, 인공지능과 인간이 각각 창작한 저작물의 보호기간 등을 달리하는 방안을 내놓은 거예요. 하지만 인공지능 창작물에 대한 심사 과정에서 일관성 없는 의견이 나온다면 오히려 사람들에게 더 큰 혼란을 불러일으킬 수 있습니다.

인공지능은 현재 미술, 음악과 같은 예술 분야뿐 아니라 산업 전반의 분야와 업무에서 활발히 이용되고 있습니다. AI에 대한 인프라도 점차 확충되고 있고요. 한 예로, 최근 우리나라에는 AI가 생성한 이모티콘에 저작권을 인정할지 여부가 이슈가 되기도 했습니다. 이에 관해 카카오에서 내부 정책을 수립할 것이라 밝혀 어떻게 될지 많은 이의 궁금증을 자아내고 있어요. 이러한 상황에서 AI 저작권에 대한 제대로 된 정비가 이루어지지 않는다면 빠르게 변하는 시대 흐름을 따라잡지 못하고 법과 실생활 사이에 괴리가 커질 수 있겠지요.

챗GPT,
저작권은 어떻게 적용될까?

 오늘의 질문

블로그에 '비공개'로 글을 올렸는데 이제 안 하려고요. 비공이라도 어딘가에 도용당할 수 있대요. 예를 들어 챗GPT가 제 아이디어를 훔칠 수도 있다는데요? 딥러닝 AI가 내보내는 데이터는 원저작자 허락 없이 활용되는 건가요?

2023년을 시작하며 전 세계를 강타한 화젯거리는 단연 챗GPT입니다. 대체 뭐길래 이렇게 핫할까요?

챗GPT는 AI 기업 Open AI에서 출시한 챗봇입니다. 대화하다, 채팅하다의 의미인 영단어 '챗'(chat)과 'Generative Pre-trained Transformer'(GPT)가 합쳐진 단어인데요. 온라인 고객 서비스를 지원하기 위해 만들어졌다고 합니다.

교과서·신문·웹사이트 등에서 데이터를 추출하는 자동 생성 채팅봇으로, 많은 양의 데이터를 수집한 뒤 자연어 처리(NLP)를 통해 내용을 요약하여 인간의 언어와 최대한 유사하게 제공합니다.

챗GPT는 인공지능을 통해 질문에 대한 답변을 제공합니다. 또한 텍스트를 번역하는 기능뿐 아니라 연설문이나 기획안 등을 작성할 수 있고 노랫말·소설·시나리오 등 법으로 보호할 수 있는 다양한 콘텐츠도 만들어 낼 수 있습니다.

미래학자 레이 커즈와일은 인공지능이 비약적으로 발전해 전체 인류의 지능을 뛰어넘는 기점을 '특이점'이라고 하면서 2045년으로 그 시기를 예측했는데요. 챗GPT의 등장으로 관련한 이들의 예측과 판단이 서둘러 조정되는 듯합니다. 20년을 기다릴 필요도 없이, 2년, 아니 어쩌면 2개월 이내라도 인공지능이 얼마든 인류의 지능을 앞설 수 있다고 보는 이들도 있습니다.

챗GPT의 활용을 두고 수많은 탐구가 이어지지만 그럴수록 간과할 수 없는 문제가 있습니다. 굵직하게 몇 가지 질문을 추려 보았어요.

- 챗GPT에서 생성된 콘텐츠는 '누가' 소유하는가

- 챗GPT에 의해 생성된 콘텐츠를 '누구나' 사용할 수 있는가
- 챗GPT의 정보 출처는 '어디'이고, 신뢰할 수 있는가
- 지식재산권 측면에서 챗GPT가 '어떻게' 도움이 될 수 있는가

⊙ 그 얘기, 어디에서 들었어?

하나씩 살펴보도록 하지요. 먼저, 챗GPT가 생성한 콘텐츠는 저작권으로 보호될 수 있지만 AI 자체가 콘텐츠를 소유할 수는 없습니다. 유럽 및 미국에서도 AI는 무형자산 소유의 전제 조건인 법인격이 없기 때문에 저작권을 소유하지 못합니다. 그렇다면 챗GPT를 개발한 AI 업체는 저작권을 가질 수 있을까요?

현행 저작권법은 "인간의 사상이나 감정" 중에서도 단순한 아이디어가 아닌 "창작성"이 있는 경우로 한정하여 저작권을 보호합니다. 저작권법과 같은 지식재산권법은 권리자에게 강력한 권한을 부여하는 측면이라 한정되어야 할 필요성이 있어요. 시대가 변화하고 챗GPT와 같은 새로운 기술 형태가 나타남에 따라 기존 저작권법으로 적용되지 않는다

면 인공지능 콘텐츠의 범위를 한정하거나 새로운 법률 등을 제정하여 보호해야 할 가치가 있을 수 있다고 생각됩니다.

다시 말하자면, 챗GPT가 도출한 결과물이 창작성을 갖고 있는지 여부가 중요합니다. 무수히 많은 정보를 학습하고 그 학습량이 방대하여 기존의 저작물을 떠올릴 수 없을 정도로 희석되어 새로운 창작물로 볼 수 있다면? 결과물을 보호할 가치가 있다고 볼 수 있기에 이를 보호할 만한 법령 및 제도 등이 따라야 한다, 로 화두를 던질 수 있을 것 같아요.

물론 챗GPT에 의해 생성된 콘텐츠를 개인적 대화 보조용으로 사용할 경우 법적 문제는 없습니다. 모든 사용자가 무료로 서비스를 이용할 수 있으며 좀 더 원활한 사용이 필요한 이들은 월 구독료를 지불하며 유료로 이용하면 된다고 합니다.

챗GPT는 컴퓨터가 스스로 외부 데이터를 조합하고 분석하여 사람처럼 생각하고 배우는 '딥러닝' 기반의 대화형 인공지능입니다. 컴퓨터 프로그램을 통해 사람의 언어를 이해하고 대답하는 능력을 갖추도록 학습되었지요. 그렇기에 단순 명료한 대답을 넘어 철학적이고 창의적인 수준에 이르는 대답도 도출이 가능한 것인데요. 챗GPT의 콘텐츠가 기존 콘텐츠에서 파생되는 경우가 많으므로 재사용할 경우 저작권 측면에서 문제가 발생할 소지가 있습니다. 수집된 콘텐츠가 많을수록 학습량이 늘어날 것이고, 이는 기존 저작물의 데이터가 방대하게 쌓여 있다는 의미일 테니까요.

하지만 챗GPT는 답변에 활용된 데이터의 출처를 제시하지 않습니다. 이것이 논란의 소지를 낳고 있는데요. 즉, 정보의 사실 여부를 사용자가 각자 일일이 검증해야 하는데 쉬운 일이 아니기 때문입니다. 챗GPT 사용자는 기존 저작물과 유사도가 높은 결과물이 도출될 경우, 자기도 모르는 새 타인의 저작권을 침해할 가능성이 생기는 겁니다.

만일 챗GPT가 잘못된 데이터를 학습한 뒤 틀린 답변을 정답처럼 말한다면? 혐오와 편견, 가짜뉴스 등을 확대 재생산하는 도구가 될 수 있다는 우려가 나오는 것이지요.

∴ 효율적으로 도움이 되는 선에서

챗GPT가 무수하게 많은 정보를 학습하여 결과를 도출할 때 제기될 수 있는 문제점을 알아보았습니다. 문득 이런 생각도 듭니다. 사람의 경우에도 사실 학습에 토대하여 결과물을 만들어 내잖아요. 홍수처럼 쏟아지는 정보의 시대에, 누구라도 '완벽하게' 본인이 창작한 부분이 있을까, 라는 부분에서는 사람과 AI 모두 동일한 고민에 처해 있는 것이 아닐까, 하는 생각요. 그러한 점에서 '출처'의 중요성이 갈수록 높아지는 것이겠지요.

챗GPT를 인수한 마이크로소프트에서는 논란의 목소리를 인지한 듯 개선 방안을 내놓았습니다. 검색 엔진 BING의 기술을 활용하여 챗GPT가 만들어 낸 결과물에 어떠한 데이터를 인용했는지 출처를 확인할 수 있는 서비스를 제공하겠다고 발표했습니다.

마지막으로, 지식재산권 측면에서 챗GPT가 어떻게 도움 될 수 있는지 생각해 봅시다. 특허·상표·저작권·영업 비밀에 관한 정보를 제공할 수 있겠지요. 특허 청구 초안을 작성할 수도 있고요. 지식재산법 또는 판례에 관한 연구 지원 등을 가능하게 하여 지식재산권 관련 분야에서 다양한 이점을 가질 것으로 예상됩니다.

챗GPT에 대한 궁금증이 어느 정도 풀리셨나요? 이 글을 쓰는 지금도 어제와 다른 새로운 이슈가 생겨나고 있습니다. 시시각각 전 세계적으로 여러 가지 실행 방안이 발 빠르게 움직이고 있고요. 이럴 때일수록 필요한 것은 '나'를 중심에 놓는 태도이지 않을까 싶습니다. 급박한 흐름에 휘둘리지 않고, 지나치게 의존하지 않고, 나를 '대신'하거나 '대체'한다고 생각하지 말고 내게 도움 되는 선에서 "알아서 잘 딱 깔끔하고 센스 있게" 활용하면 어떨까요? AI는 인간의 보완재일 뿐, 대체재는 아니니까요.

메타버스 내
가상상품 저작권은 문제없을까?

 오늘의 질문

예전에 친구한테 온라인 아바타 이미지를 만들어 줬어요.
재미 삼아 했던 일이라 까먹었는데, 얼마 전 뜨악했어요. 제
가 만든 가상 이미지로 아이템을 만들어서 사이트에서 홍보
하더라고요. 이런 건 불법 아닌가요?

여러분, 2022년에 개봉되었던 영화 <아바타2> 보았나
요? 제가 좋아하는 영화 가운데 하나입니다. 아바타는 2009
년 개봉되어 당시 전 세계 엄청난 흥행을 불러일으켰지요.
다른 육체에 인간의 의식을 주입, 원격 조정이 가능하게 한
다는 획기적인 설정은 아바타를 더욱 큰 관심과 화제로 이
끌었습니다.

　　2009년 당시 이 영화를 보며, 먼 미래에는 영화 아닌 실제 상황으로 이와 같은 기술이 가능하지 않을까 생각했는데요. 그간 상상했던 일들이 요즘 들어 하나둘 정말로 일어나고 있습니다. 이제 우리는 가상세계에서 '아바타'라고 불리는 캐릭터를 만들어서 나의 행동을 그대로 구현하고, 물건을 사고팔고, 심지어 땅을 사는 것도 가능하게 되었습니다.

　　어떻게 이런 일이 가능한 걸까요? 또한 현실 세계를 그대로 구현한 것이라면 물품의 저작권, 혹은 상표권 등의 문제가 생기진 않을까요?

∷ 메타버스에도 다양한 권리가 있다

　　"우리는 인터넷 속에서 살고 있다."고 해도 과언이 아닐 만큼 이제 인터넷 없는 삶은 상상이 가질 않습니다. 하루만, 아니 반나절, 아니 한두 시간만 휴대폰이 곁에 없어도 무엇을 해야 할지 모르겠고 왠지 모르게 답답한 심정이 듭니다.

　　이제 사람들은 오프라인보다 온라인 공간에 머무는 시간이 점점 더 많아집니다. 과거에는 정보를 찾는 도구 정도로 인터넷을 인식했다면, 요즘은 소통의 기본 창구이자 연결고리 역할을 하고, 경제 활동도 가능하게 되었으며, 살아가는 데 필요한 모든 기반을 인터넷에 둡니다. 이렇듯 활동이 확장되고 심화되면서 온라인상에 가상세계가 생겨났습니다. 나만의 아바타를 만들어 내 자유의지대로 활동할 수 있지요. 우리는 이러한 가상세계를 '메타버스'라고 부릅니다.

메타버스란 가상·초월 등을 뜻하는 영단어 '메타'(meta)와 우주를 뜻하는 '유니버스'(universe)의 합성어로 현실세계처럼 사회·경제·문화 활동이 이루어지는 3차원의 가상세계를 말합니다. 이는 VR 같은 가상현실보다 한 단계 더 진화한 개념이에요. 단순히 자신의 캐릭터를 만들어 게임을 즐기는 데 그치지 않고 실제 현실에서처럼 사회적·문화적 활동을 영위할 수 있습니다.

한국의 대표적 메타버스 플랫폼인 '제페토'는 2021년 기준 이용자 수 2억 명 이상을 기록할 만큼 엄청난 사용자를 보유하고 있습니다. 이용자들은 앱 내에서 패션 아이템을 제작하고 판매할 수 있고, 기업들의 경우에는 팝업 스토어를 만들어 본인들의 상품을 홍보합니다. 그렇다면 가상세계 내에서 나의 노력과 창작성을 가지고 만든 물건들에 대해 저작권을 주장할 수 있을까요?

저작물의 정의만으로 보았을 때는 원칙적으로 가능하다고 볼 수 있습니다. 하지만 현재 메타버스로 유명한 기업들의 약관을 검토해 보면, 사실상 쉽지는 않을 것으로 판단

됩니다. 이들은 약관을 통해, 사용자가 만든 게임을 해당 플 랫폼이 서비스할 수 있는 포괄적인 라이선스를 갖도록 규정 하고 있습니다.

위에서 언급한 제페토의 경우를 좀 더 보겠습니다. 제 페토는 이용자가 창작한 콘텐츠를 게시할 때, 현재 또는 추후 개발되는 모든 미디어와 배포 매체에 해당 이용자가 창작한 콘텐츠의 사용권한을 제페토 운영사에게 부여한다고 간주하고 있습니다. 그리고 이용자가 창작한 것에 대해 상업적으로 이용하기 위해서도 운영사에게 이 사실을 통지하고 허가를 받아야 한다고 규정합니다.

이처럼 메타버스 내 창작자의 창작물은 온전히 창작자가 저작권을 소유한다고 보기에는 어려워요. 그렇다면 가상세계 내에서 내가 만든 물건에 관해 당사자가 아무런 권리를 가지지 못하는 걸까요?

⠿ 가상세계의 가상상품 상표권 등록, 인정되다!

그렇지는 않습니다. 가상세계 내 가상상품에 대해 우리 법원을 비롯한 전 세계에서는 상표권 등록을 인정하고 있습니다. 국내를 기준으로, 지난 2010년에서 2019년까지 단 20건에 불과했던 가상상품에 대한 상표 출원은 2022년 5

월 기준 717건까지 증가했습니다. 가상공간에서의 가상상품 거래가 급증하자, 특허청은 「가상상품 심사지침」을 마련하여 2022년 발표했습니다. 해당 지침에서는 ① 가상상품 명칭 인정 여부 ② 가상상품 분류 ③ 가상상품 유사 판단, 이렇게 세 가지의 내용을 주로 다루고 있습니다.

가상상품 심사지침
☑ 가상상품 명칭 인정 여부
☑ 가상상품 분류
☑ 가상상품 유사 판단

먼저 가상상품의 명칭을 세분화하여 명확하게 규정한 점을 살펴보겠습니다. 기존에는 포괄적으로 '가상상품'(Virtual Goods)이라는 단어로 지칭하였는데, 이를 '가상상품+기존상품 명칭' '구체적 현실상품의 가상상품 명칭'으로 세분화하여 인정 여부를 판단하게 되었습니다.

과거에는 '내려받기 가능한 이미지 파일(가상의류)' '가상의류가 기록된 컴퓨터 프로그램(가상상품)' 등의 형태만 상품명칭으로 인정되었는데요. 앞으로는 '가상의류' '가상신발' 등 '가상+현실상품'의 형태로 된 명칭도 인정하여 출원인의 상품 명칭 선택의 범위를 확대했습니다. 이러한 변화를 통해, 기존에 사용하던 가상상품의 명칭 자체는 상품 범위가 모호하여 상표권 분쟁 발생의 소지가 있기에 상품 명칭으로 인정되지 않게 되었습니다.

두 번째로는 가상상품을 이미지 파일 또는 컴퓨터 프로그램과 유사한 상품으로 구분했던 과거와 달리 별도의 상품군으로 분류했습니다. 가상상품도 현실상품의 성질을 반영하여 세부적으로 구분하기로 했지요.

즉, 과거에는 가상상품 자체에 대한 상표를 인정했다기보다 그 파일, 식별할 수 있는 사진을 상표로 보았다면 이번 지침에서는 현실상품과 동일하게 가상상품을 상품 자체로 보기 시작한 거예요. 이를 통해 가상공간에서의 상표분쟁 발생을 방지하고, 상표선택의 범위가 과도하게 축소되는 문제점을 해소하고자 했습니다.

마지막으로 상표권 침해의 고려 사항이 되는 유사 판단 기준에 대해 지침에서 정리했습니다. 특허청은 이에 대해 "가상상품과 현실상품은 원칙적으로 서로 유사하지 않은 상품이다."라고 밝혔습니다. 가상상품은 현실상품의 명칭 및 주요 외관 등 일부 요소를 포함하여 표현하고 있으므로 유사한 상품이라는 일부 주장이 있긴 하나, 가상상품과 현실상품은 사용 목적과 판매 경로 등이 달라 원칙적으로 소비자가 이를 혼동할 가능성이 낮다는 것입니다.

이와 관련한 외국 사례가 하나 있습니다. 미국 게임회사 블리자드의 'Call of Duty'라는 게임 내에 있는 군용 차량은 브랜드 험비(Humvee)의 상표와 차량 외형을 무단으로 이용했습니다. 이에 험비는 블리자드를 상대로 상표권 침해의 소를 제기했습니다. 여기에서 '소를 제기한다'라는 말은 법률 용어인데요. 원고(피해자)가 피고(가해자)를 상대로 자기 주장의 법률적 사항에 대해 특정 법원에 요구하는 것을 의미합니다. '소장'을 관할법원에 제출함으로써 행해집니다.

자, 결과는 과연 어떠했을까요? 게임회사가 브랜드를 무단 이용했다고 봤을까요? 아니면 문제가 되지 않는다고 봤을까요? 뉴욕연방지방법원은 게임 내 타인 상표의 사용은 단지 상품(군용 차량)의 출처 표시로 사용된 게 아니고 사실적 표현만을 위해 사용된 것이기에 상표권을 침해했다고 판단하지 않았습니다.

∷ 선택과 판단은 현실세계로부터

하지만 그렇다고 해서 무턱대고 모든 상표를 가상세계상에서 사용할 수 있는 게 아닙니다. 가상상품과 현실상품의 유사성을 판단할 경우, 원칙상 서로 유사하지 않은 점을 주요하게 삼고 있으나 이는 단순히 가상상품과 현실상품의 사용 목적 등이 달라 소비자의 혼돈 가능성이 낮다는 이유에서 비롯되기 때문입니다.

현실에 있는 주지·저명한 상표 등은 가상상품과 출처의 오인이나 혼동이 발생할 가능성이 없지 않습니다. 따라서 이를 별도로 심사하는데요. 심사 과정에서 오인·혼동 우려가 있다고 판단되면 상표법 제34조 제1항 제11호(혼돈가능성) 및 제12호(수요자기만)의 적용을 받아 상표권 침해로 판단됩니다.

이와 관련된 대표적인 사례로 '에르메스' 사건이 있습니다. 에르메스는 명품 브랜드 중 하나로, 수십 년간 전 세계에서 인기리에 판매되는 '버킨백'이라는 이름의 고급 핸드백이 대표 상품입니다. 한데 2021년 11월, 의류 매장을 운영하는 한 미국 예술가가 메타버스의 Meta와 버킨백의 Birkin를 합친 'Metabirkins'라는 명칭으로 버킨백 모양의 NFT를 만들어 NET 판매 사이트에서 팔기 시작했습니다. 이에 에르메스는 상표권 침해와 상표 가치의 희석화 등의 주장을 근거로 소를 제기했습니다.

법원은 해당 사건에 대해 "단순히 예술 작품의 제목으로 사용된 것이 아니라 해당 NFT의 출처를 표기하는 기능으로 쓰이고 있어, 이는 에르메스의 명성에 편승하고자 하는 것으로 판단되고, 에르메스가 제작한 것이라고 소비자에게 오인·혼동을 유발할 수 있다."라고 판단하며 상표권 침해를 인정했습니다.

이처럼 원칙적으로 가상상품과 현실상품의 차이는 있다고 판단하나, 기존 주지·저명한 상표에 대해서는 유의가 필요합니다. 현실세계에서 가상세계로 우리의 삶이 확장되는 지금, 다양한 법률적 문제와 마주하게 됩니다. 가상세계이고, 물건을 파는 것은 본인의 아바타에 불과하다고 생각할지라도, 언제나 선택을 하고 아바타를 운용하는 사람은 현실세계의 자기 자신이라는 점을 잊지 말아야겠어요.

2
일상 속 상표권 찾기

궁금증 맛보기

☑ 퍼블리시티권? 인격표지영리권? 뭐가 달라요?

☑ 대학 이름이나 로고는 학교의 상징인데, 학원이나 병원에 사용해도 되나요?

☑ 마약김밥을 이대로 부를 수 없는 이유가 뭐예요?

☑ 왜 초코파이는 상표권을 잃어버린 것이죠?

☑ 누구에게나 사랑받는 것과 누구나 함부로 사용하는 것을 어떻게 잘 구별하여 보호할 수 있을까요?

BTS 치킨,
가게 이름으로 써도 될까?

 오늘의 질문

'치맥은 인생의 낙!'을 외쳤던 저희 삼촌. 오랜 회사 생활을
접고 치킨 가게를 오픈할 예정이에요. 다이너마이트한 치
킨 소스를 개발했다고 하길래 상호를 'BTS 치킨'으로 추천
했는데 너무 유명하다고 머뭇거리시네요. 저작권에 걸리
나요?

　　연예인이 쓰고 나온 모자, 혹은 입고 나온 옷은 그 자체
로 홍보가 됩니다. 방송이 끝나고 나면 온라인상에서 ○○ 모
자, ○○ 블라우스 등 연예인 이름을 그대로 붙여 여러 쇼핑몰
에서 판매되고요. 그런데 이런 홍보, 자칫 하다가는 유명인
들의 권리를 침해하는 위법 행위라는 것을 알고 있었나요?

⠿ '네이밍'이 홍보가 되는 시대라지만

'정국 버킷햇' '장원영 선글라스' 등 연예인 이름이 붙은 상품들을 본 적 있을 겁니다. K-콘텐츠가 성장하는 요즘은 연예인이나 분야별 인플루언서들의 영향력도 덩달아 커지고 있지요. 유명인이 방송에 착용하고 나온 액세서리와 옷, 시계 등의 패션 아이템은 여러 쇼핑몰에서 그대로 홍보되고, 금방 품절이 되기도 합니다.

하지만 유명인의 이름을 그대로 사용하는 홍보 행위는 '퍼블리시티권'을 침해하는 행위가 될 수 있습니다. 퍼블리시티권이란 무엇일까요?

퍼블리시티권이란, '이름, 초상, 서명, 목소리 등 개인의 인격적 요소가 파생하는 일련의 재산적 가치를 권리자가 독점적으로 지배하고, 허락 없이 상업적으로 이용하지 못하도록 통제할 수 있는 권리'를 뜻합니다. 즉, 나의 이름이나 얼굴 등을 허락 없이 상업적으로 이용할 수 없음을 의미합니다.

사실 예전에는 퍼블리시티권 인정 사례가 드물었습니다. 과거 연예인 수지가 '수지 모자'라는 검색어로 상품을 홍보하고 판매한 온라인 쇼핑몰을 상대로 손해배상청구 소송 (퍼블리시티권 침해)을 제기한 적이 있으나, 퍼블리시티권은 인정되지 않고 성명권만 위반했다고 보았거든요.

이후로는 법적 보호와 인정에 관해 상황이 어떻게 되고 있을까요? 다른 사례도 좀 더 살펴보겠습니다. 연예인의 성명이나 유명세를 이용한 사건 중 'BTS 짝퉁 화보집' 사건이 있습니다. A사는 연예인들의 사진, 기사 등을 주요 내용으로 다루는 잡지를 제작하고 판매하는 회사였습니다. A사는 BTS 소속사인 빅히트 엔터테인먼트의 동의 없이 BTS 화보집을 제작하여 판매했습니다. 이에 빅히트 엔터테인먼트는 A사를 상대로 소송을 진행했습니다.

재판부는 부정경쟁방지법 제2조 제1호 타목을 근거로 A사가 위법 행위를 저질렀다고 판단하여 빅히트 엔터테인먼트의 가처분 신청을 받아들였습니다.

이 사건 이후 특허청은 지식재산권 범위 확대의 중요성을 인지하고 퍼블리시티권 도입을 시도했습니다. 기존에는 민법상 퍼블리시티권에 대한 규정이 따로 없었기에 사건 결과가 매번 달라지기도 한다는 어려움도 존재했기 때문입니다. 그리하여 2022년 6월 8일부터 유명인의 이름과 사진 등을 무단으로 사용하면 부정경쟁행위에 해당될 수 있는 법적 근거가 생겼습니다.

부정경쟁방지 및 영업비밀보호에 관한 법률 제2조

타. 국내에서 널리 인식되고 경제적 가치를 가지는 타

인의 성명, 초상, 음성, 서명 등 그 타인을 식별할 수 있는 표지를 공정한 상거래 관행이나 경쟁질서에 반하는 방법으로 자신의 영업을 위하여 무단으로 사용함으로써 타인의 경제적 이익을 침해하는 행위

즉, 개정된 부정경쟁방지 및 영업비밀보호에 관한 법률에 따르면 퍼블리시티권을 무단 사용하여 경제적 이익을 침해하는 행위를 부정경쟁행위로 보고 금지할 수 있습니다. 이는 앞으로 퍼블리시티권을 보호하기 위한 법적 근거가 생성된 것이지요.

유명인뿐 아니라 모두에게 인정되는 권리로

글을 읽다가 문득 이런 궁금증이 생길지도 모르겠습니다. '그럼 퍼블리시티권은 유명인에게만 해당되는 권리인가?' 하고요.

예전에는 그랬습니다. 기존 퍼블리시티권은 유명인에 국한하여 인정되는 권리로 여겨져 왔습니다. 하지만 2022년 12월 민법 개정안에서는 위와 같은 권리를 유명인에게 국한하는 것이 아닌, '사람'으로 명칭을 바꾸면서 모든 사람

의 성명, 목소리, 초상 등 인격표지를 재산으로 인정한다고 발표했습니다.

명칭 또한 퍼블리시티권에서 '인격표지영리권'으로 수정되었어요. 인격표지영리권은 사람이 초상·성명·음성 등 자신을 특징짓는 요소(인격표지)를 영리적으로 이용할 권리를 말합니다. 기존 퍼블리시티권과 동일한 의미라고 볼 수 있지만 위에서 말한 것처럼 적용 대상에서 차이점이 있지요.

인격표지영리권은 자신의 초상에 대해 갖는 배타적 권리인 '초상권'과 유사하지만, 영리적 활용 가능성을 확대하는 '재산권'으로서의 권리를 강조한다는 차이가 있습니다. 그렇기에 인격표지영리권의 경우 부정경쟁방지법에서 규정하고 있는 퍼블리시티권과 달리, 상속이 가능합니다.

K-콘텐츠가 세계로 뻗어 나가는 지금, 그 힘에 편승하여 무단으로 자신의 상품을 홍보하는 일은 없어야겠지요? 유명인이 아니더라도 누군가의 얼굴, 음성, 이름을 쓰기 위해서는 반드시 대상자의 허락을 받아야 한다는 사실, 우리 꼭 기억하기로 합시다. 법 때문만이 아니더라도, 타인의 인격표지를 사용할 때 동의를 받는 것은 당연한 예의이고 필수니까요.

고대수학? 서울대병원?
대학 로고 사용은 상표권 침해일까?

 오늘의 질문

어릴 때부터 자주 갔던 연세이비인후과가 며칠 전 문을 닫았어요. 병원이 있던 자리엔 서울대만점학원이 들어온대요. 하아, 학원 이름 듣는 순간 가슴이 답답해지던데…… 대학 로고를 이렇게 흔하게들 사용해도 돼요?

길을 가다 보면 익숙한 이름의 간판들이 자주 눈에 띕니다. 연세치과, 경희태권도, 서울대병원, 고대수학…… 대학 이름을 딴 병원이나 학원 들입니다. 졸업한 대학 로고나 명칭을 사용하면 고객들에게 신뢰감을 줄 수 있기에 많은 졸업생들이 본인 대학의 로고 및 명칭을 사용하고 있을 겁니다.

그런데 대학 이름이나 로고는 학교를 상징하는 일종의 상표라고 볼 수 있는데, 학원이나 병원 이름으로 사용해도 되는 걸까요?

∴ 신뢰의 상징이다 vs 무분별한 도용이다

먼저 대학 로고와 명칭이 상표로 인정될 수 있는지를 확인해 볼 필요가 있습니다.

상표로 사용되기 위해서는 표장 그리고 지정상품이 있어야 합니다. 또, 가장 중요한 요건인 '식별력'이 있어야 하지요. 상표법 제33조 제1항, 동법 제34조에서 정하는 상표등록이 불가능한 경우를 제외하고는 상표등록이 가능합니다. 아래의 내용에서 이를 자세히 확인해 보겠습니다.

제33조(상표등록의 요건) ① 다음 각 호의 어느 하나에 해당하는 상표를 제외하고는 상표등록을 받을 수 있다.
1. 그 상품의 보통명칭을 보통으로 사용하는 방법으로 표시한 표장만으로 된 상표
2. 그 상품에 대하여 관용(慣用)하는 상표
3. 그 상품의 산지(産地)·품질·원재료·효능·용도·수

량·형상·가격·생산방법·가공방법·사용방법 또는

시기를 보통으로 사용하는 방법으로 표시한 표장만

으로 된 상표

4. 현저한 지리적 명칭이나 그 약어(略語) 또는 지도만으

로 된 상표

5. 흔히 있는 성(姓) 또는 명칭을 보통으로 사용하는 방

법으로 표시한 표장만으로 된 상표

6. 간단하고 흔히 있는 표장만으로 된 상표

7. 제1호부터 제6호까지에 해당하는 상표 외에 수요자

가 누구의 업무에 관련된 상품을 표시하는 것인가를

식별할 수 없는 상표

2008년, 서울대학교는 국·영문 학교 이름, 약칭, 로고, 상징물 등 총 아홉 건의 상표등록을 출원했습니다. 이에 특허청은 상표법 제33조 제1항 1호를 근거로 '서울'이라는 지리적 명칭과 '대학교'라는 보통명칭 때문에 상표등록을 받을 수 없다고 심결했습니다.

하지만 대법원의 판단은 특허청과 달랐습니다. 대법원은 '서울'과 '대학교'의 단순 결합이 아닌 새로운 관련으로의 '서울대학교'가 도출되었다고 보았습니다. 국내 최고의 종합대학으로 국민들에게 상징성이 인식되어 있음을 인정해

서울대학교의 상표등록이 허용돼야 한다고 판결했습니다.

위와 같은 판결을 통해 우리는 대학교 또한 명칭이나 로고 등에 관련하여 상표권 등록이 가능하고 상표법으로부터 보호받는다는 것을 알 수 있습니다. 그렇기 때문에 대학의 인가 없이 대학 로고나 명칭을 상표에 사용하게 된다면 '상표적 사용'으로 상표권 침해에 해당하게 됩니다.

잠깐, 여기서 상표권 침해의 기준이 되는 상표적 사용을 알기 위해 상표법에서 설명하는 '상표'와 '사용'의 의미를 좀 더 살펴봐야겠습니다.

상표법 제2조(정의) ① 이 법에서 사용하는 용어의 뜻은 다음과 같다.

1. "상표"란 자기의 상품(지리적 표시가 사용되는 상품의 경우를 제외하고는 서비스 또는 서비스의 제공에 관련된 물건을 포함한다. 이하 같다)과 타인의 상품을 식별하기 위하여 사용하는 표장(標章)을 말한다.

사용이란, 상품 또는 상품의 포장에 상표를 표시하거나 그 표시한 상품을 판매, 전시, 수입, 수출, 광고하는 행위를 뜻합니다. 즉, 연세이비인후과라는 이름으로 간판으로 걸

때 '연세'라는 이름을 넣어 연세대 출신의 병원으로, 다른 병원과 구분된다는 인식을 사람들에게 심어 주고, 이를 통해 자신의 병원을 홍보하는 것을 '상표적 사용'이라고 볼 수 있습니다.

간판이나 병원명이 아닌, 그냥 이력 사항에서 본인의 대학교명이나 로고를 사용하는 것은 단순히 정보의 전달 목적이라고 볼 수 있어 이는 상표적 사용이라고 볼 수 없겠지요.

따라서 상표적 이용을 목적으로 하는 사용은 해당 상표권자의 허가를 받아야 합니다. 서울대, 연세대 등의 경우에는 본교의 학사 과정을 이수한 학생들에게만 그 상표권 사용을 허가해 주고 있습니다.

∷ 대학, 그 자체로 상품성을 갖다

대학 이름을 상품이나 굿즈에 사용하기 위해 라이선스를 구매하는 경우도 있습니다.

대표적 예로 미국의 예일대를 떠올릴 수 있겠는데요. 예일대는 로고에 관해 라이선스를 구매하여 적법한 방법으로 로고 및 명칭을 넣은 의류를 판매할 수 있습니다. 하지만 이런 대학교 로고나 명칭에 대한 상표권 인식은 비교적 낮은 편이라 사용하는 데 있어 적절한 주의가 필요합니다. 라이선스에 대한 이해를 전하며 이번 내용을 정리할게요.

　대학 로고가 가장 많이 사용되는 학과 점퍼나 단체복도 어쩌면 상표권 침해가 될 수 있다는 점을 다들 알고 있었나요?

　대학에 입학하게 되면 학생회 차원에서 학교 로고가 들어간 '과잠바'나 단체복을 맞춥니다. 이럴 경우 먼저 학교 측에 학교 상표의 사용에 대해 허락을 받아야 하는 것이 원칙입니다. 하지만 이러한 과정이 없는 것이 일반적입니다. 학과 점퍼에 학교 로고와 명칭을 사용하는 것을 관례적으로 승인하는 분위기니까요. 즉, 상표권과 관련된 학교 규칙은 실제적 효력을 잃어버렸다고 볼 수 있습니다.

　그래서일까요, 본인의 학교라는 이유로 로고 사용이 자유롭다고 생각해서 무단으로 귀여운 인형이나 연필 같은 상품을 만드는 일도 생깁니다. 취미를 넘어 영리적 이득을 취하는 사례가 발생하는 것이지요.

　좋아하는 마음이야 이해되지만, 이러한 행위는 엄연한 위법입니다. 만약 본인이 대학 로고나 명칭을 상표적 목적으로 이용하고자 한다면? 해당 로고 및 명칭이 상표로 등록되어 있는지 먼저 확인해 보면 좋겠습니다. 등록이 되어 있다면 반드시 상표권자의 허락을 받아야 합니다. 본인 대학의 상표를 올바르게 쓰는 것이 대학을 더욱 빛내는 길입니다.

마약김밥, 마약베개,
이제 상표명으로 못 쓴다고?

 오늘의질문

여름 방학 때 서울에 올라가면 '마약김밥' 원조 가게부터 들를 거예요! 대체 어떤 맛이길래 마약 같은지 궁금해 죽겠는데, 언니는 이름이 썩 내키지 않는다고 저 혼자 가래요. 마약 마케팅은 이름부터 자극적이고 비호감이라나요?

시장에 가면 다양한 먹거리들을 살 수 있지요. 그뿐 아니라 직접 맛보고 즐기는 것 또한 시장 구경의 묘미입니다. 여러분은 시장에서 어떤 음식을 가장 좋아하나요? 떡볶이, 튀김, 순대, 핫도그, 꽈배기, 국수 등등 정말 여러 음식이 있는데요. 그중에서 한때 엄청나게 핫했던 마약김밥! 다들 한번쯤 들어 본 적 있을 겁니다.

그런데 앞으로는 마약김밥을 이대로 부를 수 없을 가능성이 크다고 합니다. 이유가 무엇일까요?

∴ 마약 같은 중독성! 헤어날 수 없는 '마약ㅇㅇ'

아마도 2000년대 즈음이었던 것 같습니다. '중독성 있는 매력'을 강조하기 위해 음식 이름에 '마약'을 붙이는 것이 유행하게 된 시기 말이지요. 지난 2022년 행정안전부 지방행정인허가 데이터시스템에 따르면 상호에 마약이 들어간 음식점은 총 200여 곳 이상으로, 2000년 이전에 개업한 곳은 아홉 군데에 불과했습니다.

그뿐 아니라 2022년 6월 기준 온라인 쇼핑몰에서 마약을 검색했을 때 쿠팡에서는 상품명 약 40만 건, 네이버 쇼핑에서는 약 30만 건의 상품명이 확인되었습니다. 상위 열 군데 쇼핑몰로 범위를 넓히면 150만 건 이상이 검색되었고요. 엄청나게 많은 수치이지요?

일일이 나열하지 않아도 여러 상표에 '마약'이라는 단어가 포함되어 판매되는 경우가 많음을 알 수 있습니다. 이러한 실상을 두고, 마약이라는 단어의 남용이 청소년에게 마약을 친숙하게 인식하게 한다는 위험성이 제기됐습니다. 특히 최근 10대~20대 청소년 마약 사범이 크게 증가하면서,

단어 사용에 경각심을 가질 필요가 있다는 점이 공론화되었습니다.

최근 5년간 '마약' 명칭이 붙은 상표를 쓰게 해 달라는 사례가 150건 이상 접수되었지만, 특허청은 이를 전부 다 거절했습니다. 그 이유를 같이 살펴보겠습니다. 특허청은 '마약'이 포함된 상표는 선량한 풍속이나 공공질서를 해칠 우려가 있다고 보았기 때문이라고 입장을 밝혔습니다. 특허 청의 거절 근거는 상표법 제34조에서 좀 더 자세히 확인할 수 있습니다.

제34조(상표등록을 받을 수 없는 상표) ① 제33조에도 불구하고 다음 각 호의 어느 하나에 해당하는 상표에 대해서는 상표등록을 받을 수 없다.

4. 상표 그 자체 또는 상표가 상품에 사용되는 경우 수 요자에게 주는 의미와 내용 등이 일반인의 통상적인 도덕관념인 선량한 풍속에 어긋나는 등 공공의 질서 를 해칠 우려가 있는 상표

특허청은 지속해서 식품, 의약품 등 국민의 건강과 안

전에 직접적 영향력이 있는 상품이나 아동이 주 수요자인 완구 등의 분야에서는 관련법에 근거하여 '마약' 관련 상표 등록을 거절하고 있습니다.

이처럼 상표로 쓸 수 없는 표현의 세 가지 범주가 아래와 같이 정리됩니다. 여러분도 앞으로 자기만의 브랜드를 만들거나 상표 혹은 상품을 제작할 가능성을 대비하여 잘 기억해 두도록 해요.

> 상표로 쓸 수 없는 표현
> ☑ 과격하거나 외설한 인상을 주는 표현
> ☑ 범죄에 해당하는 용어나 공중도덕을 저해하는 상표
> ☑ 미신을 조장하거나 지역감정을 조장하는 상표

∷ 사회적 분위기를 고려하여 신중한 판단을

다시 '마약'이라는 표현을 쓰는 상품명에 관해 이야기를 더 나누어 보겠습니다. 이례적으로, '마약베개'와 같이 그 상표가 인정된 사례가 있었거든요. 어떻게 예외성이 적용되었을지 궁금하지 않나요?

사실 특허청과 특허심판원에서는 '마약' 표현이 들어갔기 때문에 이에 대한 상표등록을 거절했습니다. 상표권은 지식재산권 중 산업재산권에 해당하므로 특허청 관할이라고 책의 서두에 말씀드렸지요. 즉, 마약베개의 상표 인정을 두고 특허청과 특허심판원이 안 된다고 한 겁니다. 하지만 1심, 2심, 3심이 있듯, 특허심판원에서 거절했다고 끝이 아니라 특허법원, 대법원으로 사건이 계속 진행되는데요. 특허법원에서는 단지 표현이 있다는 이유만으로 공공질서나 선량한 풍속을 해할 것으로 단정 짓기 어렵다고 판단했습니다.

특허법원 원고가 진행한 설문조사를 보면, 마약베개를 마약이 아닌 베개 제품으로 인식하고 있는 이들이 대다수였습니다. 응답자의 97.2%가 마약베개는 마약을 섭취할 수 있는 베개나 마약을 투약할 때 사용하는 베개가 아니라 '계속 베고 싶은 편안한 베개'로 인식한다는 결과를 받아들인 것이지요.

이 두 내용을 종합하여 재판부는 "출원상표가 지정상품인 베개 등에 사용될 경우 일반 수요자나 거래자에게 주는 의미와 내용 등이 일반인의 통상적인 도덕관념인 선량한 풍속에 어긋나는 등 공공의 질서를 해칠 우려가 있다고 보기는 어렵다."며 상표등록을 인정했습니다. (특허법원 2019. 11. 7 선고 2019허4024, '마약베개' 판결)

유명 연예인의 상습적 마약 투약, 그와 관련한 보도가 끊이질 않으면서 마약 문제에 대한 사회적 우려와 경계심을 놓을 수 없는 현실입니다. 2022년 8월에는 마약과 같은 유해 약물을 식품 등의 표시·광고에 넣지 못하게 하는 내용을 담은 '식품 등의 표시·광고에 관한 법률' 개정안이 발의되었습니다. 식품의약품안전처 또한 법 개정 이후 고시·시행령 개정 등 후속절차를 준비하고 있어요. 그보다 앞선 2021년 10월, 서울시의회는 마약류 상품명 남용을 막겠다는 취지의 조례를 발의하기도 했고, 경기도의회는 2023년 2월, '경기도 마약류 용어 사용 문화 개선에 관한 조례안'을 입법예고했습니다.

이렇듯 마약베개 사례 이후 특허청에서도 상표에 '마약'이라는 표현이 사용되는 것에 관해 내부적으로 심사 지침을 마련할 것으로 보입니다. '마약' 상표의 사용에 관해서는 사업자들과 국민들 모두 조심스럽게 접근해야겠어요.

색깔도
상표권을 가질 수 있다고?

 오늘의 질문

제가 좋아하는 아이돌 그룹은 멤버마다 '시그니처 컬러'가 있어요. CD도 다섯 가지 컬러로 출시되어 좋아하는 멤버 버전으로 고를 수 있어요. 저도 나중에 저만의 컬러를 갖고 싶은데, 저작권 문제가 있을까요?

요즘은 '컬러테라피'라는 프로그램이 생겨날 정도로 색채와 색깔에 대한 심층적 이해와 분석이 많아지고 있습니다. 패션이나 화장법에 흔히 이야기되는 '쿨톤'이나 '웜톤' 같은 색채 구분뿐 아니라 앞서 말한 컬러테라피를 활용하여 심리 상담에도 색깔이 적용되는 사례가 많습니다.

저는 보라색을 가장 좋아하는데요. 보라색이라고 단 하

나의 색만 존재하는 게 아니지요. 보라색도 다 같은 보라색이 아니라 무척이나 색감이 다양합니다. 그러다 보니 문득 궁금증이 생기지 않나요? 색과 색을 조합해 새로운 색깔이 만들어지기도 하고, 한 가지 컬러에도 수십 개의 색채가 있으니……. 과연 '색깔'에도 지식재산권이 적용되는지 말이에요.

∴ 상표권과 색깔의 관련성

여러분은 혹시 '2022년의 컬러'가 무슨 색인 줄 아나요? 팬톤 선정 '2022 올해의 컬러'는 보라색인 '베리 페리'(very peri)였습니다. 그리고 얼마 전 공개된 2023년의 컬러는 '비바 마젠타'(Viva Magenta)로, 진홍빛 색감을 떠올리면 될 거예요.

이렇듯 해마다 팬톤이라는 회사는 올해의 컬러를 내놓습니다. 팬톤, 들어 본 적 있는 이름인가요? '팬톤 칩' '별색' 등으로 익숙할지도 모르겠네요. 팬톤은 색깔에 대한 지식재산권을 바탕으로 사업을 영위하는 기업입니다. 색깔에 대한 지식재산권을 바탕으로 하는 업체라니, 그렇다면 우리는 색과 관련한 지식재산권이 무엇인지 배워야겠지요? 대표적으로 상표권이 있습니다. 우리나라는 2007년 7월 '색채상표'를 도입하면서 색채에 의해 식별되는 상품의 표지를 공식적으로 인정하기 시작했습니다. 색채상표에 대해 먼저 알아보자면, 색채상표는 두 종류로 구분됩니다. 하나는 기호·문자·도형에 색채가 결합된 상표, 또 하나는 색채 단독으로만 이루어진 상표. 이렇게 두 종류로 나뉩니다.

그렇다면 국내에서 최초로 등록된 색채상표는 어떤 것일까요? 한 번쯤 먹어 봤거나 혹은 먹지 않았어도 익숙하게 듣고 본 브랜드입니다. 바로, 전 세계적으로 유명한 젤리 브랜드 '하리보'(HARIBO)예요. 해당 회사는 곰 모양의 젤리를 만들어 남녀노소 많은 이의 사랑을 받고 있지요. 요즘도 가끔 텔레비전에서 광고가 나오곤 합니다.

하리보의 곰 젤리 포장을 생각했을 때, 여러분 머릿속에 어떤 색이 가장 먼저 떠오르나요? 혹시 금색인가요? 맞습니다. 하리보는 곰 젤리 포장에 들어가는 '금색'을 상품의 정체성이라 보고 상표권 등록을 신청했습니다. 그리하여 2016년, '지정상품—과자류'에서 상표법 식별력을 획득하고 상표로 등록하는 데 성공했습니다.

하지만 이 과정은 여타 다른 상표권 등록보다 훨씬 까다로웠다고 합니다. 색깔은, 누구나 이용할 수 있는 것이잖아요. 그에 대해 배타적인 권리를 부여한다는 게 쉽지 않지요. 뿐만 아니라 해당 색깔을 지정상품에 사용하는 경우, 자칫 수요자가 어떤 상품인지, 누구와 관련한 상품인지 제대로 식별할 수 없다는 점이 가장 큰 이유였습니다.

따라서 상표권을 인정받기 위해서는 해당 색깔이 상품 사용에 의한 식별력을 정확히 갖고 있어야 합니다. 이러한 식별력을 입증하는 방법에는 무엇이 있을까요? 사용에 의한 식별력을 인정받기 위한 요건은 크게 네 가지가 있습니다.

사용에 의한 식별력을 인정받기 위한 요건
☑ '상표등록출원 전부터 상표를 사용'하였을 것
☑ '수요자 간'에 그 상표가 '특정인의 상품에 관한 출처를 표시' 하는 것으로 '식별할 수 있게' 되어 있을 것
☑ '실제로 사용한 상표를 사용한 상품에 출원'한 것일 것
☑ 사용에 의한 식별력을 주장하는 자는 '입증자료를 제출'할 것

이 네 가지 요건을 모두 갖추면 색깔은 상표권으로 보호받을 수 있습니다. 부정경쟁방지법으로도 보호받을 수 있고요. 하지만 위와 같은 요건을 입증하기 위해서는 상당한 번거로움과 어려움이 있습니다.

하리보 또한 처음엔 색채상표등록에 실패했습니다. 이

후 회사의 오랜 역사와 브랜드 영향력, 시장점유율 등을 어필하여 식별력을 증명하고자 노력했고, 그 결과 상표권을 획득할 수 있었습니다.

⠿ 남과 다른 '나'를 식별할 수 있으려면

또 다른 사례도 살펴볼까요? 2022년 10월, 하리보에 이은 색채상표 2호이자 국내 기업으로는 최초로 색채상표가 등록되었습니다. 바로, KGC 인삼공사의 '정관장'인데요. 정관장 포장을 떠올리면 크게 세 가지 색이 생각날 겁니다. 윗부분의 적색, 아랫부분의 검은색, 포장과 케이스 테두리의 금색. 바로 이 색 조합으로 색채상표권을 등록했습니다.

KGC 인삼공사는 소비자들이 색깔만으로 해당 브랜드를 인식할 수 있는 '식별력'을 확보하고자 3년간 집중적으로 힘썼다고 합니다. 매출액, 인지도, 판매 등 식별력 입증을 위해 노력한 것이지요.

이처럼 한눈에 다른 기업 혹은 다른 상품과 구분할 수 있게끔 브랜드를 어필하는 중요한 기준점으로 색깔이 주목받고 있습니다. 이 때문에 국내 기업 말고도 세계적 다국적 기업도 팬톤 기업에서 색을 구매하여 독점적 이용에 심혈을 기울인다고도 합니다.

사실 아직은 조심스럽다는 우려의 목소리도 나옵니다. 특정인 선점에 따른 색채 고갈, 타 상품과의 혼동 가능성, 상품 이용과 목적에 따른 기능성 등의 이유에서인데요. 하지만 색깔에 대한 상표권 인정이 점차 늘어나고 아예 특정 색을 개발하고 제작하는 회사가 생겨나면서 상표권이나 특허권 등 관련 지식재산권에 대한 이슈는 지속적으로 발생할 듯합니다.

우리들 또한 각자의 색을 가지고 있습니다. 자신만이 갖고 있는 색은 그 어디에도 없고 독창적이며 세상에 하나뿐입니다. 때로 삶이 무미건조하고 무기력한 일상이 되풀이된다고 하더라도, 나를 '대표할 수 있는' 컬러를 잃지 마세요. 누구라도 오해 없이 나를 '식별할 수 있는' 힘은 나만의 컬러로부터 시작될 것입니다.

잃어버린 초코파이 상표권,
이유가 뭐길래?

 오늘의 질문

초코파이는 엄마의 최애 간식이에요. 제가 보기엔 다 똑같
은데 엄마는 그중에도 딱 한 브랜드의 초코파이만 고집해
요. 어릴 적부터 먹은 거라 맛을 잊지 못한다면서요. 근데,
여러 회사에서 똑같은 이름의 과자를 판매해도 되나요?

　　제가 학교 다닐 때, 기말고사가 끝나거나 학기가 끝나
는 날이면 다들 과자를 하나씩 사 오곤 했습니다. 과자파티
를 하며 한 학기를 마무리하는 작은 이벤트였거든요. 마침
생일인 친구가 있으면 다 함께 생일도 축하해 주었습니다.
야간 자율 학습이 끝날 때까지 학교 밖을 마음대로 나갈 수
없다 보니, 교내 매점에 있는 초코파이를 케이크처럼 여러

겹 쌓아서 그럴듯하게 만들곤 했지요. 혹시 여러분에게도 초코파이에 얽힌 이러한 추억담이 있을까요?

자, 그럼 다른 질문을 던져 보겠습니다. 지금 여러분 머릿속에는 어떤 초코파이가 떠올랐나요? 특정 브랜드가 떠오르나요? 아니면, 둥그런 모양에 가운데 마시멜로가 들어 있는 이미지가 떠오르나요? 이러한 생각 사이에서 상표권을 잃어버린 초코파이 이야기를 같이 나눠 보겠습니다.

∴ 나도 초코파이, 너도 초코파이

1974년, 오리온이 원형으로 된 작은 크기의 초코파이를 처음으로 출시하며 상표로 등록했습니다. 오리온의 초코파이가 상당한 인기를 얻자 롯데제과는 1979년부터 '초코파이'라는 이름으로 제품을 생산하여 판매하기 시작합니다. 이후 롯데 외에도 여러 회사들이 초코파이 명칭을 사용하여 제품들을 줄지어 시장에 내놓았지요.

그러자 가장 먼저 초코파이를 출시했던 오리온은 심기가 불편해지기 시작했습니다. 상표권의 경우 10년마다 재등록이 필요한데요, 마침 10년째를 맞이한 롯데제과에서 재등록을 하려 하자 오리온은 결단을 내립니다. "국민 10명 중 9명이 초코파이라면 오리온을 떠올린다."라며 참다못한

울분을 터뜨린 겁니다. 오리온은 다른 업체에서 초코파이 이름을 사용하는 것은 상표권 침해라고 주장하며 이들에게 상표권 침해의 소를 제기했습니다.

하지만 재판부의 생각은 달랐습니다. 일반인들은 초코파이를 '원형의 작은 빵 과자에 마시멜로를 넣고 초콜릿을 바른 제품'으로 인식하고 있기에 특정 브랜드 상표라기보다는 상품의 보통명칭처럼 쓰여 식별력을 상실했다는 의견이었습니다.

☼ 상표가 상품 그 자체의 정체성이 되다

이러한 경우를 우리는 상품의 '보통명칭화' 또는 '관용표장화' 되었다고 말합니다.

보통명칭화 또는 관용표장화란, 어떤 특정 상표를 대중들이 범용적으로 사용하게 되면 해당 상품 자체를 지칭하는 뜻이 되어 상표의 가치를 상실하게 되는 것을 말합니다. 앞서 대학 로고의 상표권 사용을 이야기할 때, '서울대학교'의 '서울'과 '대학교'를 각각 보통명칭이라고 판단한 사례가 있었는데 이 내용을 떠올리면 이해가 쉬울 거예요.

우리에게 익숙한 사례를 좀 더 찾아볼 수도 있습니다. 대표적으로 투명테이프가 '스카치테이프'로 불리고, 스테이플러가 '호치키스'로 불리는 경우가 있겠지요. 상표법 제33조에서도 이러한 보통명칭 및 관용상표에 대해서는 상표로 등록할 수 없다고 명시하고 있습니다.

> 제33조(상표등록의 요건) ① 다음 각 호의 어느 하나에 해당하는 상표를 제외하고는 상표등록을 받을 수 있다.
> 1. 그 상품의 보통명칭을 보통으로 사용하는 방법으로 표시한 표장만으로 된 상표
> 2. 그 상품에 대하여 관용(慣用)하는 상표

즉, 이는 해당 상표가 너무 유명해져서 타사나 개인이 자유롭게 사용한 결과 상표권으로서의 식별력이 상실된 경우를 의미합니다. 비슷한 사례로 '불닭'이 있습니다. 2000년, 불닭이라는 상표가 등록되었는데 소송 당시 이미 대중에게 요리의 이름으로 인식되어 있어서 재판부는 관용표장화 되었다고 판단하고 상표권 침해를 인정하지 않았습니다. 이외에도 드라이아이스, 요요 등 상표가 상품 그 자체의 이름으로 바뀐 경우들이 상당수 있습니다.

상표가 등록되지 못하면, 분쟁이 생겼을 때 침해를 주장할 수 없습니다. 시장 내에서 배타적 권리를 갖고 있지 않으니 유사 상품들이 많이 나올 것이고, 그렇게 되면 경쟁력에 있어 우위 선점이 어렵겠지요. 따라서 상표권으로 보호받고자 하는 경우 보통명칭 및 관용상표가 되지 않기 위해 세심한 주의가 필요합니다.

상표가 상품 그 자체가 되지 않도록 적극적으로 관리하는 노력이 무엇보다 중요해요. 상표를 등록한 뒤에는 타인이 무단으로 상표를 상품명처럼 사용하는 경우 신속하게 상표권 침해 금지를 청구하여 상표 사용의 통제에 꾸준한 관심을 기울여야 합니다. 등록된 상표라고 무심코 있다가는 상품명 그 자체가 너무나 유명해져 상표권을 잃는 일이 생길 수 있을테니까요.

상표권도
도둑맞을 수 있다고?

 오늘의 질문

친구 중에, 제가 무슨 말만 하면 "야, 그거 인기 있을 거니까 먼저 상표등록해." "네가 특허 내면 돼."라고 부추기는 아이가 있어요. 요즘은 뭐든 선점하고 봐야 한다는 거예요. 하지만 무턱대고 아무나 상표등록을 할 수는 없잖아요?

　지난 2020년은 여러모로 의미 있는 해로 기억될 것 같습니다. 특허와 상표, 디자인권 출원이 1948년 지식재산권 통계를 작성한 이후 최대 수치인 것으로 나타났거든요.

　그중 상표 출원 건수는 25만 7933건으로, 상표 출원량이 특허 출원보다 많은 경우는 1985년 이후 처음이었습니다. 이러한 상표권 등록 증가 추세에 힘입어 2021년 상표권 출원건수는 약 35만 건을 기록했습니다.

특허청의 출원인 대상 설문조사에서 '상표를 출원하게 된 계기'를 묻는 질문에 응답자의 50.8%가 "상표권이 중요하다는 인식이 높아졌다."라고 대답했습니다. 이에 특허청은 브랜드 가치의 중요성에 대한 사회적 인식이 확산된 결과로 풀이했습니다.

그렇다면 이렇게 갑자기 상표권에 대한 인식이 높아지게 된 이유가 무엇일까요? 특허청의 홍보 활동도 있겠지만, 아무래도 상표권이 강탈당하는 경우가 늘어나면서 경각심과 함께 관심도 커지지 않았나 싶습니다. 방금 앞 챕터에서 초코파이의 상표권을 이야기 나누었는데요. 1부를 마무리하며, 상표권에 관련한 실질적 이슈와 사례 들도 알아보겠습니다.

∷ 연예인도 상표권을 갖는다고?

여러분, 2019년 올해의 인물 방송·연예 부문에서 1위를 차지한 사람이 누군지 아나요? BTS도, 유재석도 아닌 바로 '펭수'입니다. 사람이라고 하기엔 좀 머뭇하게 되지만요. 다들 알다시피 펭수는 EBS에서 제작한 캐릭터입니다. 2019년 혜성같이 나타나 남녀노소 상관없이 모두에게 사랑을 받았고 지금까지도 그러합니다. 하지만 이러한 펭수도 상표권 침해로 하마터면 본인 이름을 사용하지 못할 뻔했습니다. 무슨 일이냐고요?

2019년 당시, 특허청에 펭수와 관련된 상표를 검색하면 총 18건의 상표가 출원되어 있는 것으로 나왔습니다. 그 중 EBS 측에서 출원한 상표는 2개뿐이었고, 나머지는 모두 제삼자에 의해 출원된 것이었습니다.

문제가 되었던 점은 EBS 상표권 출원이 다른 사람에 의한 상표권 출원보다 늦었다는 사실이었습니다. 대한민국의 상표법은 '선출원주의'를 채택하고 있거든요.

여기서 잠깐, 선출원주의가 어떤 의미인지 살펴보겠습니다. 선출원주의란 2인 이상의 동일한 발명 및 발명 아이디어에 대해 가장 먼저 출원한 자에게 그 권리를 부여하는 제도를 말합니다. 이러한 선출원주의는 상표법 제35조에서도 보장하고 있습니다.

상표법 제35조(선출원) ① 동일·유사한 상품에 사용할 동일·유사한 상표에 대하여 다른 날에 둘 이상의 상표등록출원이 있는 경우에는 먼저 출원한 자만이 그 상표를 등록받을 수 있다.

이렇듯 먼저 상표를 출원한 사람에게 그 권리를 부여하는 것이 원칙입니다. 원칙대로라면 EBS는 펭수의 이름을 사용할 수 없었습니다. 혹은 사용 대가를 지불해야만 했지요. 이런 선출원주의를 악용하여 상표를 실제로 사용하지 않음에도 상표를 출원하는 경우가 많습니다. 그러면 어떻게 우리는 지금까지 펭수를 무사히 펭수라 부를 수 있는 걸까요? 혹시 우리가 모르는 사이 펭수가 이름을 바꾸었을까요?

자, 함께 아래의 상표법을 찬찬히 읽어 보도록 하지요.

제34조(상표등록을 받을 수 없는 상표) ① 제33조에도 불구하고 다음 각 호의 어느 하나에 해당하는 상표에 대해서는 상표등록을 받을 수 없다.

6. 저명한 타인의 성명·명칭 또는 상호·초상·서명·인장·아호(雅號)·예명(藝名)·필명(筆名) 또는 이들의 약칭을 포함하는 상표. 다만, 그 타인의 승낙을 받은 경우에는 상표등록을 받을 수 있다.

9. 타인의 상품을 표시하는 것이라고 수요자들에게 널리 인식되어 있는 상표(지리적 표시는 제외한다)와 동일·유사한 상표로서 그 타인의 상품과 동일·유사한 상품에 사용하는 상표

◌ 기회를 노리는 이들로부터 단단히 지켜 내는 힘

우리나라의 상표법은 이러한 악의적 선출원을 방지하기 위해 주지 저명한 상표, 즉, 누가 보더라도 어떤 사람의 것이라고 알려져 있는 상품의 경우에는 출원이 들어오더라도 거절할 수 있습니다.

펭수의 경우 전 국민이 알 정도로 유명하고, 그렇기에 이미 EBS의 펭수라는 것이 널리 인식된 이상 제삼자의 상표권 출원 반려가 당연했습니다.

펭수는 워낙 잘 알려진 캐릭터였기에 대중적으로도 상표권 사건이 크게 알려졌습니다. 그만큼 널리 인식되어 있는 주지성이 확실했기에 어렵지 않은 방향으로 해결되었지만, 모든 상황이 이렇게 무사히 흘러가지만은 않겠지요. 작은 가게나 스타트업의 경우에는 보호가 어려울 수 있으므로 항상 세심하게 신경 써야 합니다. 상표 브로커로부터 가장 안전하게 자신의 상표를 보호할 수 있는 방법은 사전에 미리미리 특허청에 상표등록을 시도하는 것입니다.

2021년에 열린 국정감사에서 특허청이 제출한 자료를 보면, 악의적 상표선점행위 의심자의 상표 출원·등록건수가 연평균 89건에 달한다고 합니다. 이러한 악의적 상표선점행위를 하는 의심자 67명은 2020년 한 해에만 2만 3082

건의 상표권 출원을 신청한 것으로 집계되었습니다.

갈수록 많은 상표 브로커들이 호시탐탐 기회를 노리는 지금, 자신의 상표를 제대로 지키는 것이야말로 무엇보다 중요한 일임에 틀림없겠지요.

Part 2

있을까? 없을까?
저작권이라는 수수께끼

1
꼭꼭 숨어라, 저작권 보일라

궁금증 맛보기

☑ 누구는 맞고, 누구는 틀리다는 판단의 기준이 뭔가요?

☑ 레시피는 허락 없이 아무나 사용해도 되나요?

☑ 가짜 향수의 저작권 침해는 어떻게 증명할 수 있을까요?

☑ 뉴스 자료를 올바르게 이용할 수 있는 방법은 무엇일까요?

☑ '창작성'을 증명하지 못하면 저작권을 갖지 못하나요?

맛에도
저작권이 있을까?

 오늘의질문

저는 요리를 좋아해서 메뉴 개발에도 관심이 많아요. 나중에 어른이 되면 불닭 소스보다 더 매콤달콤한 맛이 나는 소스로 음식을 만들어서 가게를 차릴 거예요. 제가 개발한 맛이니까 저작권 등록할 수 있겠죠?

여러분이 가장 좋아하는 음식은 무엇인가요? 수많은 음식 중에 딱 하나를 고르라고 하면 당연히 어렵습니다. 세상엔 맛있는 음식들이 많고 많으니까요. 하나의 음식을 고르더라도 맛이 다 똑같지 않습니다. 같은 식당에 가도 날마다 다를 수 있는 것이 '맛'입니다. 이러한 맛에도 저작권이 인정될 수 있을까요?

∴ 맛에도 특색이 있다? 없다?

'단짠단짠'이라는 말 다들 알지요? 단맛, 짠맛, 단맛, 짠맛을 일컫는 표현입니다. 단것을 먹고 나면 짠맛이 당겨 짠것을 먹게 되고, 그러면 다시 단 음식이 당겨 단것을 먹고 또 짠맛을 찾게 된다는, 이런 반복을 의미하지요.

일반적으로 인간의 미각은 단맛, 짠맛, 신맛, 쓴맛, 감칠맛 다섯 가지 맛을 느낍니다. 흔히 매운맛이라고 하는 것은 미각에서 느끼는 통증에 가깝습니다.

그렇다고 모든 음식을 저 다섯 가지 맛으로 쉽게 정의할수 있는 것은 아닙니다. 가령 우리가 쿠키를 먹었을 때, 단맛이 나기도 하는데 약간 짠맛도 느껴진다고 말하기도 합니다.

이처럼 음식마다 혹은 가게마다 그 맛의 특색이 다 있습니다. 그래서 '특제 소스' '비법 장인' 등 우리 가게의 음식맛이 제일 좋다고 홍보하기도 하고요. 그러다 보면 궁금증이 일지도 모르겠습니다. '특제 비법 소스의 맛을 저작권으로 보호해서 우리만 사용하면 안 되나?' 하고요. 만약 전에없는 독특한 맛을 생산했다면 이 맛을 개발한 내가 저작권을 가질 수 있다고 생각할 수도 있을 겁니다. 이러한 궁금증에 대해, 2018년 EU 사법재판소에서 답변을 내놓았습니다. 그 사례를 한번 같이 들여다보겠습니다.

네덜란드에서 '헥시카스'(마녀치즈)라는 이름의 치즈 스프레드를 판매하는 레볼라 헹엘로(Levola Hengalo)는 경쟁사인 슈밀드(Smilde Foods)가 자신의 제품을 베꼈다며 고소를 했습니다. 레볼라의 마녀치즈는 크림치즈, 허브, 야채 등이 주요 재료로 사용되었습니다. 슈밀드도 비슷한 재료로 만든 허브 치즈를 판매했고요. 또한 슈밀드의 제품에도 '마녀'라는 단어가 들어갔습니다. 그 둘의 맛은 상당히 유사했습니다. 일반 소비자들이 구분하기에는 별다른 차이가 없었어요.

이에 레볼라는 슈밀드를 상대로 "기존 마녀치즈의 맛은 지적창작물로 그리고 저작권법의 저작물로 보호를 받기 때문에 피고가 제조한 치즈의 맛은 우리 저작물의 복제물"이라고 주장했습니다. 따라서 원고 레볼라는 피고인 슈밀드에게 치즈 제조 및 판매 등 피고의 저작권 침해 행위의 중단을 요청하는 소를 제기했습니다.

☼ 맛은 자기만의 권리를 가질 수 있을까

과연 결과는 어떻게 나왔을까요? 1심 법원에서는 원고의 주장을 기각했습니다. 그 판단의 근거는 이러했습니다. "마녀치즈의 맛을 이루는 어떠한 요소들이 독창적인 성격과 인적인 특징을 가지는지 설명하지 못한다."는 것이었지요.

항소심 법원에서는 이 사안뿐 아니라 일반적으로 식료품의 맛이 과연 저작권법으로 보호되는지를 문제 삼았습니다. 그러고는 EU 전체에서 통일된 의견이 필요하다며 해당 사건을 EU 사법재판소로 넘겼습니다. 이에 EU 사법재판소는 다음과 같은 근거로 '맛'에 대한 저작권을 부인했습니다. 내용을 함께 읽어 보지요.

저작권으로 보호되기 위해서는 저작물로 인정되어야
한다. 저작물로 인정되기 위해서 두 가지 기준을 충족
해야 한다. 첫째, 관련 대상이 저작자의 지적창작물로
서 '독창성'을 갖추어야 하고 둘째, 이러한 지적창작물
은 '표현'되어야 한다. 또 저작권 보호기관이 보호대상
을 명확하게 인식할 수 있어야 하고, 개인(특히 기업)도
마찬가지로 제삼자(특히 경쟁자)를 위해 보호되는 대상을
명확하게 식별할 수 있어야 한다.

주관적 요소를 배제시킬 필요성은 이러한 대상이 명확
하고 객관적인 표현이어야 한다는 점을 암시한다. 하
지만 식료품 맛의 경우에는 정확하고 객관적인 식별
가능성이 결여되어 있다. 문학, 회화, 영화, 음악 등과
달리 음식의 맛은 객관적이고 세밀하게 판별할 수 없
다. 또한 맛보는 사람, 나이, 음식에 대한 선호도, 환경,
먹을 때 상황에 따라 다르다. 더구나 현재의 과학 발전
수준에 비추어 볼 때 동일한 종류의 다른 식료품의 맛
을 정확하고 객관적으로 기술적 수단에 의해 식별해
내는 것은 가능하지 않다. 결론적으로 '맛'의 저작권을
부인한다.

이는 맛에 대한 저작권을 인정하지 않은 최초의 공식 판례라고 볼 수 있습니다. 이후 아직까지 맛에 대한 저작권을 인정한 사례는 나오지 않고 있습니다. 국내도 마찬가지입니다. 다만 맛에 관해 아예 보호하지 않는다는 이야기는 아닙니다. 해당 사건의 마녀치즈의 경우에도 '특허'로는 등록이 되어 있습니다.

하지만 특허를 등록하게 되면 출원공개제도에 따라 해당 레시피가 전 세계에 공개됩니다. 이제 누구든지 그 맛을 따라 할 수 있는 것이지요. 맛의 저작권 인정은 안 되지만, 특허로 등록하면 누구나 맛을 따라 할 수 있다? 헷갈릴 수 있는 개념이니 좀 더 이야기를 나눠 보겠습니다. 출원공개제도가 무엇인지 알면 이해가 한결 수월해질 거예요.

출원공개제도란 출원일로부터 1년 6개월이 지나면 그 특허출원에 관해 특허공보에 게재하여 출원공개를 해야 하는 제도를 말합니다. 쉽게 말해 자세한 레시피를 대중에게 공개하게 되는 것이지요. 또, 특허권은 권리 보호기간이 20년으로, 20년이 지나면 누구든지 해당 기술을 자유롭게 사용할 수 있습니다.

아이러니하게도 맛을 보호하고자 특허를 받았는데 모두에게 알려지는 셈입니다. 맛을 보존하기 위해 가족끼리만 레시피를 공유하고, 금고에 레시피를 숨기는 등의 행위와 오히려 모순되어 버립니다.

상황이 이러하니, 맛에 대한 특허를 받는 게 마냥 명쾌한 해법이라고는 볼 수 없겠네요. 세월이 지나고 시대가 바뀌면서 오래도록 사랑받는 음식도 있지만 새로운 음식들도 많이 등장하고 있습니다. 이러한 상황에서 맛에 대한 저작권이 인정되는 날이 과연 찾아올까요?

레시피에도
저작권이 있을까?

제 생각은 좀 다른데요. 유튜브에 보면 '레시피' 관련한 콘텐츠가 진짜 많잖아요? 앞에서 나온 내용도 일리 있지만, 맛을 개발해서 괜한 갈등을 겪기보다 차라리 레시피 자체를 보호받는 게 저작권으로 훨씬 낫지 않나요?

지난 몇 년간 이어진 코로나로 인해 외식보다 집에서 밥을 해 먹는 경우가 늘었습니다. 이후 2023년, 실내뿐 아니라 지하철이나 버스 등 대중교통에서도 마스크 의무 착용이 해제되며 사실상 코로나 종식에 가까운 사회 분위기를 맞이했습니다.

정책이 완화되며 다시 외식으로 소비 패턴이 옮겨 갈

것이라 예측했지만, 물가가 급격하게 치솟아 여전히 집밥을 선호하는 추세라고 합니다. 집에서 간단히 차려 먹기에 좋은 밀키트 상품을 이용하거나 온라인으로 레시피를 찾아 직접 음식을 만들어 먹는 일이 많습니다. 그런데, 이러한 레시피는 허락 없이 아무나 사용해도 되는 걸까요?

∴ 최근 대두되는 레시피의 저작권 문제

레시피는 음식을 만드는 재료와 순서, 방법을 기재한 일종의 설명서입니다. 흔히 요리법, 조리법이라고 말하기도 합니다. 최근에는 유튜브 혹은 블로그를 통해 손쉽게 먹고 싶은 음식의 레시피를 찾아 직접 만들 수 있는데요. 하지만 가끔 레시피로 법적 다툼을 벌이는 경우가 있곤 합니다.

예를 들어, 한 프로그램에서 유명해진 '덮죽'이 있습니다. 유명 요식업 사업가이자 요리 연구가가 전국 각지의 식당을 찾아다니며 문제점을 찾고 해결 방안을 제안해 주는 콘셉트로 인기리에 방영된 예능 프로그램이었어요. 포항에 있는 한 식당의 대표 메뉴였던 덮죽은 방송이 끝난 후 폭발적 관심을 얻었습니다. 이후 레시피를 똑같이 따라 하여 판매하는 프랜차이즈까지 등장했고 사칭하는 일도 벌어졌습니다.

이에 원조 덮죽을 개발하고 판매했던 사장님은 사건을 공론화했습니다. 레시피를 빼앗지 말아 달라고 요청했고, 결국 상표권 등록에 관련한 분쟁이 발생하기도 했습니다.

직접 음식을 만드는 수요가 증가하고, 간단하게 요리하는 방법을 공유하는 영상이 많아지면서, 언제 어디에서나 손쉽게 레시피들을 찾아 이용할 수 있습니다. 그렇다면 레시피의 저작권은 인정이 될까요?

우리가 계속 배워 나가는 저작권의 정의를 보았을 때, 레시피를 인간의 사상 및 감정 등을 표현한 창작물로 볼 것인가의 여부부터 살펴야겠지요. 레시피는 고유한 하나의 창작물이 아닌 '사람의 아이디어'라고 보기에 저작권법상으로 보호받지 못합니다. 만일 요리법을 알려 주는 유튜브 영상을 보고 똑같이 음식을 만들어 이를 판매해도, 저작권법상으로는 문제가 되지 않습니다.

그렇다고 모든 레시피가 저작권의 보호를 받지 못하는 것은 아닙니다. 재료와 조리 방법, 조리 순서를 평이한 단어와 문장으로 설명문처럼 단순하게 기재한 것이 아니라 자기만의 독창적 묘사와 창의적이고 개성적인 표현, 주관적인 감상을 곁들인 레시피라면, 더불어 개성 있는 사진까지 곁들인다면, 레시피는 저작권의 보호를 받을 수 있습니다.

∷ 보호받을 수 있는 또 다른 방법

다른 방법으로는 앞에서도 살펴보았듯 특허청에 음식 특허를 신청하는 방법이 있습니다. 레시피가 특허를 받기 위해서는 기존 특허권의 인정 조건과 마찬가지로 신규성과 산업상 이용가능성을 갖추어야 합니다. 또한 일반 특허와 같이 수요자나 거래업계에서 해당 설명을 보고 동일하게 따라 할 수 있을 수준으로 특허명세서를 기재해야 합니다.

레시피를 특허로 인증받은 음식, 대표적으로 뭐가 있을까요? 강릉 가면 꼭 한번 먹게 되는 음식! 네, 짬뽕순두부입니다. 같은 짬뽕순두부라고 해도 재료나 만드는 방법에도 여러 차이가 있을 수 있기에 기존에 레시피가 특허로 등록되었다 할지라도 또 다른 권리자가 동일 메뉴에 대한 다른 레시피를 특허 등록할 수 있습니다.

다만 실질적으로 레시피에 대한 특허를 신청하는 사람은 많지 않습니다. 그 이유가 짐작이 가나요? 앞 챕터에서도 나누었던 내용인데요. 바로, 특허의 출원공개제도 때문입니다.

조리법이 매우 중요한 기업이나 개인에게는 오히려 부정적인 영향을 가져올 수 있어서, 레시피에 대한 특허신청을 하지 않고 대부분 '영업 비밀'로 레시피를 보호하고 있습니다.

대표적으로 코카콜라가 있습니다. 코카콜라를 제조하는 데 필요한 원액과 기타 재료들의 비율은, 소수의 인원들만 공유하는 영업 비밀로 설정하고 135년 동안 공개하고 있지 않습니다. 이처럼 레시피의 저작권과 특허권의 문제는 마냥 단순하게만 생각할 수 없는 문제입니다.

누군가가 레시피 만들 때 쏟아부었을 숱한 노력과 정성을 생각한다면, 타인의 레시피를 활용할 때 그 출처를 명확히 표기하는 것이 바람직하겠습니다.

지도에도
저작권이 있을까?

 오늘의 질문

어릴 때 김정호 위인전을 읽은 기억이 나요. 전국을 직접 돌아다니며 답사하고 실측하여 '대동여지도'를 만드셨잖아요. 이렇게 직접 만든 지도라면 저작권을 당연히 갖게 되겠죠? 요즘 많이 보는 온라인 지도도 저작권이 있나요?

길을 모를 때 여러분은 어떠한 방법으로 경로를 찾나요? 주변인들에게 물어보나요? 아님 일단 무작정 앞으로 걸어 보나요? 표지판을 따라가나요? 아주아주 옛날에는 하늘에 떠 있는 별자리를 보고 방향을 가늠하고 길을 찾기도 했다지요? 요즘에는 길을 찾을 때 온라인으로 지도를 확인하는 방법이 가장 익숙하고 보편적일 겁니다.

지도는 글자가 발명되기 훨씬 전부터 사용되었습니다. 고대 바빌로니아 지방에서 진흙으로 만든 판 위에 원과 직선이 그려진 지도 형태의 그림이 발견되기도 했으니까요. 이렇듯 지도는 오래전부터 사용되어 왔고, 군사적으로나 지리적으로도 여전히 무척 중요한 역할을 하고 있습니다. 국내지도부터 세계지도까지 온라인으로 바로 확인할 수 있기에 종이 지도를 들고 다니는 경우도 이젠 무척 드뭅니다. 이러한 지도에도 저작권이 있을까요?

☼ 먼 길도 한 걸음부터! 지도 저작권에 대한 궁금증도 하나하나씩

지도가 저작권으로 인정되는지 여부를 알기 위해서는 저작권법에서 지도를 저작물로 인정하고 있는지부터 살펴보아야겠지요?

제4조(저작물의 예시 등) ①이 법에서 말하는 저작물을 예시하면 다음과 같다.
8. 지도·도표·설계도·약도·모형 그 밖의 도형저작물

　저작권법 제4조에 보았듯 지도는 도형저작물의 한 종류로 저작권법에서 보호하는 인간의 사상 또는 감정을 표현한 창작물로 보고 있습니다.

　하지만 지도는 인간의 사상이나 감정이 표현되었다기보다 지리나 위치 정보를 사실 그대로 표현한 것이니 저작권이 인정되지 않는 게 아닌가, 하는 의문이 들 수 있습니다. 지도의 경우 땅의 형태뿐 아니라 하천, 산, 논밭 등을 표기하는 기호도 공통적 형태를 사용하고, 실제로 존재하는 지형을 본떴기 때문에 작업물마다 비슷비슷한 형태를 띨 수밖에 없거든요.

　저작권법에서도 이러한 작업물은 창작성을 발휘할 수 있는 여지가 적다고 판단합니다. 따라서 지도는 저작물로 인정될 수 있는 범위가 다른 저작물과 비교했을 때보다 적다고 볼 수 있습니다.

　그렇다고 해서 지도가 저작권 인정을 받지 못한다는 건 아닙니다. 지형과 지리 등 보이는 그대로의 정보만을 옮긴다면 저작권 인정이 어렵지만, 그 과정에서 독창적인 기호나 픽토그램, 표현 방식 등 지도 제작자의 창작성이 들어가면 해당 지도는 저작물로 인정받을 수 있습니다.

　대표적으로 저작권 인정을 받을 수 있는 지도가 '관광지도'입니다. 우리가 특정 도시를 가거나 유명한 지역을 놀러

가면 보통 관광안내소 출입구에 팸플릿이 놓여 있습니다. 호텔이나 게스트하우스 로비에도 많이 비치되어 있고요. 팸플릿에는 그 지역의 지리나 유명 관광지, 맛집 등 다양한 요소들을 담은 지도가 포함되어 있습니다. 이런 관광지도는 지역 특색을 표현하기 위해 개성적인 기호와 디자인을 가지고 있으므로 창작성이 받아들여집니다.

법원에서도 "관광지를 크게 나타내고, 명소들을 실제보다 가까운 거리에 배치하여 전체 지역을 한눈에 볼 수 있도록 제작한 관광지도의 경우 기존 관광지도와 구별되어 저작권이 인정된다."라고 판단했습니다. (서울중앙지법 2005. 8. 11 선고 2005가단12610 판결)

∴ 지도 저작권으로 인해 생겨나는 일들

지도 저작권 때문에 발생한 재밌는 사례를 하나 소개하겠습니다. 미국의 '제너럴 드래프팅'(General Drafting)은 1970년대까지 탑3에 들 만큼 분야 내에서 무척 명성 높은 지도 회사였습니다. 이 회사는, 라이벌 지도 회사들이 자신들이 만든 지도 정보를 도용하는 것을 대비하여 실제로 존재하지 않는 가상마을 'Agloe'를 지도에 몰래 표기했습니다. 만일 다른 기업이 만든 지도에 이 마을이 있다면, 지도를 베긴 게

들통 나는 셈인 것이지요.

이후 제너럴 드래프팅은 다른 기업이 낸 지도에서 Agloe 마을이 표기된 것을 발견하고 해당 기업에게 지도 저작권을 침해했다고 소송을 제기했습니다. 하지만 해당 기업 측은 직접 Agloe라는 곳에 가서 지도를 만들었다고 반박했는데 요. 대체 이게 어떻게 된 일이었을까요?

사건의 전말은 이렇습니다. 재너럴 드래프팅에서 지도를 배포하고 난 뒤, 어떤 사람이 적당한 위치를 찾아 본인 가게를 내려고 지역을 조사할 겸 재너럴 드래프팅의 지도를 보게 됩니다. 그는 'Agloe'라고 되어 있는 지역의 이름을 확인했고, 그곳에 가게를 오픈하며 이름을 'Agloe general store'라고 짓기로 정했습니다. 실제로 Agloe라는 명칭이 생겨 버리게 된 것이지요. 이에 법원에서는 'Agole general store'가 존재함을 이유로 타사가 제너럴 드래프팅의 저작권 침해를 하지 않았다고 판단했습니다. 결국 제너럴 드래프팅은 자기의 꾀에 자기가 넘어간 겁니다.

이처럼 지도 저작권으로 인해 발생하는 문제점들이 종종 있습니다. 최근에는 온라인 지도의 사용이 급증하면서 온라인 지도의 저작권 문제도 중요하게 여겨지고 있습니다. 우리가 가장 많이 사용한다고 할 수 있는 네이버 지도나 구글 지도의 경우에도 저작권 침해에 유의해야 합니다. 마음껏 사용해도 괜찮은 줄 알았다고요? 이들의 경우 비영리목적의 사용에는 별다른 절차를 두지 않고 있으나, 상업적으로 이용하려는 경우에는 허가를 받거나 별도의 제휴 절차를 거쳐야 합니다. 쉽게 접근할 수 있다고 해서 무단으로 사용해도 되는 것은 아니니까요.

최근에는 각자의 개성을 가진 지도들이 많이 나오면서 지도에 대한 저작물 인정 사례도 점차 많아집니다. 따라서 '모두에게 제공된 지도니까 괜찮겠지?' 생각하는 자세는 안일할 수 있습니다.

언제 어디든 떠나고 싶은 요즘, 지도에 대한 저작권을 떠올리며 더욱 뜻깊은 시간을 가지면 좋겠지요? 인생에는 표지판이나 이정표가 없기 때문에 어떤 길을 가든 잘못된 길이라 단정할 수 없습니다. 조금 헤매더라도 그 끝에는 언제나 새로운 결과가 기다리고 있을 테니, 여러분의 지도 없는 여행을 늘 응원합니다.

향기에도
저작권이 있을까?

 오늘의 질문

저희 사촌 언니는 향수 덕후예요. 다양한 향기를 수집하는 재미로 입시 스트레스를 날린대요. 최근엔 이 향 저 향 조금씩 섞는 '블랜딩'도 하더라고요. 그러다 새로운 향기를 발명하면, 언니도 저작권 등록이 가능할까요?

봄의 달달한 꽃향기, 여름의 파릇한 풀 냄새, 가을의 선선한 바람 냄새, 겨울의 시리고 차디찬 공기…… 이런 냄새를 맡으면서 저는 계절이 바뀌었음을 실감하곤 합니다. 여러분도 그러한가요? 아니면, 우연히 길 가다 맡은 향기에 잊힌 과거의 기억이 떠오른 경험은요?

과거에 맡았던 특정한 냄새의 자극 반응으로, 시간이

지나도 같은 냄새를 맡으면 그때 당시의 기억이 떠오르는 현상을 '프루스트 현상'이라고 합니다. 최근에는 결혼식이나 여행 등 특별한 이벤트의 향기를 담아 주는 '앰플'도 생겨났다고 합니다. 앰플을 열어 냄새를 맡으면 언제든 다시 돌아가고 싶은 그 기억과 연결된다네요.

그렇다면 여러분은 어떤 향기를 가장 좋아하나요? 저는 비 오는 날, 비에 젖은 흙냄새를 참 좋아하는데요. 향기나 냄새는 일상에서 무척 중요한 역할을 차지합니다. 맛있는 음식의 냄새는 사람들의 마음을 들뜨게 하고, 좋은 향기가 나는 사람은 첫인상에서부터 긍정적 호감을 얻기도 합니다. 독일의 한 연구에 따르면, 독일인 일곱 명 중 한 명은 상대에게서 나는 향기 때문에 사랑에 빠진 경험이 있다고 밝히기도 했습니다.

이처럼 향기나 냄새는 감각 가운데 가장 매혹적인 수단이 될 수도 있습니다. 이 점을 이용해서 기업들은 미스트, 향수, 디퓨저 등 인위적으로 향이 나는 여러 제품을 다양하게 판매하고 있고요. 여기서 질문을 해 보겠습니다. 향기나 냄새도 지식재산권으로 보호를 받을 수 있을까요?

⋮ 저작권 침해야! vs 왜? 뭐가 문젠데?

최근 국내에서 유명한 생활용품 전문점 다이소에서 명품 향수를 카피한 제품을 대거 출시해 논란이 있었습니다. 다이소의 향수는 기존 향수와 이름, 향수병 디자인, 특유의 향까지 명품 향수와 상당히 닮아 있었습니다. 특히 첫 향은 오리지널 제품만의 향기와 너무나 유사해서 일반적으로 쉽사리 구분하기 힘들 정도였습니다. 병 크기의 차이만 있을 뿐, 그 외 향수의 모든 부분이 닮아 있다고 여겨졌지요.

이런 경우에 어떠한 문제가 벌어질까요? 오리지널 제품을 잘 알지 못하는 소비자들로 하여금 혼란을 불러일으킬 수 있습니다. 뿐만 아니라 기존 브랜드사에도 피해를 줄 수 있습니다.

실제로, 스케이트보드와 비슷하지만 S자 모양으로 움직이는 독특한 구조의 스포츠 용품을 판매하는 한 회사에 있었던 일입니다. 그만의 고유한 구조를 베껴서 판매하는 다량의 위조상품 때문에 정작 오리지널 상품을 판매했던 회사는 5년 만에 100분의 1로 매출이 곤두박질쳤고 결국 문을 닫고 말았습니다.

위조상품 유통으로 인한 우리나라 기업들의 피해액은 2022년 기준 22조 원에 달하는 것으로 밝혀졌습니다. 이는 국내뿐 아니라, 전 세계적으로도 비슷한 양상을 보이고 있는데요. 한국지식재산연구원, OECD, 유럽지식재산청이 공동 발간한 「위조상품 무역동향 보고서」를 분석한 결과, 위조상품으로 인한 전 세계적 피해는 2019년 기준 541조 원으로 추산되었습니다. 그로부터 약 20년 전인 2000년의 피해액이 128조 원이었던 분석과 견주면 4.2배나 증가한 수치입니다.

자, 다시 향수 이야기로 돌아가 보겠습니다. 다이소 측은 카피제품이라는 것은 인정했으나 법적으로 전혀 문제가 없다고 주장했습니다. 베낀 건 맞지만 문제는 없다? 다이소는 그 근거로, "향수 회사가 국내에서 해당 상품에 대해 디자인 실용신안을 가지고 있지 않기 때문에" 법적으로 문제가 없다는 의견을 내놓았습니다.

그렇다면 명품 향수라고 착각할 만한 '향' 자체를 저작권 침해로 주장할 수는 없을까요?

이에 대한 답변 또한 '어렵다'입니다. 사실 향수도 저작권 논란이 끊이지 않는 분야입니다. 조향사들이 향조를 만들거나 배합하여 독창적으로 제조하므로, 저작권을 인정해야 하지 않느냐, 하는 목소리가 많습니다.

하지만 현재 판례에서는 "향과 같이 그 실체가 불분명한 것을 저작물이라고 보기 어렵다."는 입장입니다. 향이란

눈에 보이는 하나의 형태가 아니기 때문이라는 겁니다. 인간의 오감에 의존하며, 사람마다 그 향을 체감하는 기준이 얼마든 달라질 수 있기에 향에 대한 특정성을 부여하기가 쉽지 않습니다. 그렇기 때문에 우리나라뿐 아니라 다른 여러 나라에서도 향에 대한 저작권을 인정하지 않는 경우가 대다수예요.

예외적인 경우는 전혀 없었을까요? 아뇨, 있습니다! 향수의 향이 저작권을 인정받기 위한 요건을 충족했다고 판단한 사례가 있답니다. 이에 관해 좀 더 이야기를 나눌게요.

∴ 향수의 저작권을 인정한 세 가지 근거

2006년, 프랑스의 유명 화장품 회사 '랑콤'(Lancôme)이 네덜란드의 '케코파'(kecofa)를 상대로 손해배상청구소송을 제기한 적이 있습니다. 케코파가 랑콤의 향수 '트레조'의 향기를 그대로 베낀 향수를 판매하고 있었거든요. 이에 관해 프랑스 법원은 "향기는 저작권법에서 규정하는 창작물이 아니며, 명확하게 특정할 수 없다."라며 향기의 저작권을 부인했습니다.

하지만 네덜란드 법원의 생각은 달랐습니다. 네덜란드 법원은 "트레조의 향기는 독창적, 특정성 등 저작권을 인정받기 위한 요건을 모두 충족한다."라고 판단했습니다. 네덜란드 법원은 세 가지의 근거를 들어 향에 대한 지식재산권을 인정하면서, 1995년부터 판매한 케노파 제품의 수익을 랑콤에게 주도록 판결했습니다. 네덜란드 법원의 세 가지 근거를 같이 확인해 볼까요?

☑ 인간의 감각에 의해 지각될 수 있는지 여부
☑ 독창적인지 여부
☑ 저작권자의 특징이 있는지 여부

또, 향기와 관련하여 별도로 상표권을 인정한 사례도 있습니다. 하지만 이 경우 '향' 자체에 대한 상표권을 인정한 건 아니에요. 상표권의 경우 지정상품이 하나 있어야 하기에 그와 결합하여 인정받았습니다.

기억할 만한 사례로 '레몬향 프린트 토너'를 참고할 수 있겠습니다. 이는 프린트 잉크에 향을 첨가한 것으로, 그 향을 통해 해당 브랜드의 상품을 식별하게 하도록 한다는 점에서 상표로 받아들여졌어요.

최근 들어 명품 향수를 모방한 저가 향수가 계속 쏟아져 나오고 있습니다. 그러다 보니 기존 향수사들이 적지 않게 타격을 입는 현실입니다. 향은 특정된 것이 아니기에, 비슷한 향이면 좀 더 저렴한 상품을 찾기 쉽습니다. 하지만 이러한 상황은 자칫 안전상의 문제로 커질 수 있는데요. 향수나 방향제 등은 생활화학제품으로「생활화학제품 및 살생물제의 안전관리에 관한 법률」에 위반될 여지가 있습니다. 따라서 수입이나 기타 제조·생산에 있어서도 엄격한 관리가 이루어지고 있지요.

기존 브랜드를 모방하는 회사 혹은 개인의 경우에는 법에서 정해 놓은 안전기준을 제대로 이행하고 있지 못할 가능성이 있습니다. 그렇기 때문에 위험성과 피해는 고스란히 소비자에게 전해질 가능성이 있습니다.

향은 무형의 것이지만, 그 향을 만들기 위한 제작자의 노력이 상품에 깊게 배어 있음을 기억하면 좋겠습니다.

뉴스에도
저작권이 있을까?

 오늘의 질문

모둠 과제를 하다 보면 자료를 많이 찾게 돼요. 온라인 검색을 통해 뉴스 내용을 주로 참고하고요. 그런데 같이 PPT를 준비하던 친구가 무단 도용이 될 수 있으니 조심하자고 하더라고요. 뉴스는 모두를 위한 무료 정보 아닌가요?

여러분은 PPT나 발표 자료, 논문 등을 만든다고 할 때 어떤 유형의 자료를 가장 많이 사용하나요? 저는 글을 쓸 때 뉴스를 많이 찾아보는 편입니다. 최신 트렌드를 바로 파악할 수 있고 방대한 정보를 빠르게 정리해 한눈에 보기 편하거든요.

그럼, 이번엔 다시 질문을 해 보겠습니다. 여러분은 뉴스 자료를 '어떻게' 이용하나요? 자료마다 출처를 정확히 기록하나요? 출처 없이 그냥 쓰나요? 아니면, 이런저런 보도를 한데 섞은 터라 이미 출처를 까먹었나요?

∴ 넘쳐 나는 뉴스 속에서 저작권 찾기?

뉴스는 우리가 살아가는 세상이 어떻게 흘러가고 있는지 알려 주는 대표적 매체입니다. 개인이 작성한 글보다 공신력이 있다는 점에서 많은 사람이 자료를 만드는 데 뉴스를 참고하고 인용합니다. 그런데 이런 뉴스도 당연히 저작권이 있다는 사실! 알고 있었나요?

뉴스도 저작권법 제2조에서 규정하고 있는 저작물의 요건인 1)인간의 사상 또는 감정 표현 2)창작성을 모두 만족하기 때문에, 저작권법 제4조 제1항 제1호 소설, 시, 논문, 강연, 연설, 각본 그 밖의 어문저작물에 해당되며 저작권법의 보호를 받습니다.

또한 뉴스는 구성 요소에 따라 음악 저작물, 영상 저작물, 사진 저작물에 해당될 수 있습니다. 그렇기에 저작권자의 허락 없이 해당 기관의 이득을 목적으로 하거나 공익을 위해 특정 언론 매체의 뉴스를 배포하는 경우 저작권 침해 행위가 됩니다.

좀 더 예를 들어 보겠습니다. 개인적으로 감명 깊게 읽었거나 많은 사람과 공유하고 싶은 기사를 복사하여 SNS에 올리는 경우가 종종 있지요? 또는 학교 과제를 하려고 뉴스 자료를 가져오는 경우도 있고요. 출처를 남겼다고 하더라도 이러한 행위는 원칙적으로 저작권을 침해한 것으로 간주됩니다.

그렇다면 모든 뉴스의 사용이 저작권 침해인 걸까요? 아래의 법 조항을 확인해 보도록 하지요.

> 제7조(보호받지 못하는 저작물) 다음 각 호의 어느 하나에 해당하는 것은 이 법에 의한 보호를 받지 못한다.
>
> 5. 사실의 전달에 불과한 시사보도

즉, 사실 전달에 불과한 시사보도는 저작물로 보호받지 못합니다. 왜냐고요? 시사보도는 여러 가지 정보를 정확하고 신속하게 전달하고자 간결하고 정형적 표현을 사용합니다. 따라서 창작적 요소가 개입될 여지가 적다고 보는 것이지요. 단순히 '사실의 전달에 불과한 시사보도'에 그친 뉴스는 저작권법에 따른 보호 대상에서 제외하는 것입니다.

부고 기사나 주식 시세를 생각하면 이해되겠지요. 또한 육하원칙에 해당하는 기본적 사실로만 구성된 간단한 사건

사고 기사도 그러하겠고요. 더불어 스포츠 소식, 수사나 재판 상황, 판결 내용 등을 그대로 전달하는 정도라면 저작물로 볼 수 없습니다. (대법원 2009. 5. 28. 선고 2007다354 판결)

하지만 사실 전달에 불과한 시사보도가 저작권법이 보호하는 저작물에 해당될 때도 있습니다. 소재의 선택과 배열, 구체적인 용어 선택, 어투, 문장 표현 등에 창작성이 있거나 작성자의 평가, 비판 등이 반영될 경우에는 사실을 전달하기 위한 보도 기사라도 저작권법이 보호하는 저작물에 해당됩니다. (서울남부지방법원 2013. 11. 24. 선고 2013가단212633 판결)

아직 궁금증이 남아 있을지 모르겠습니다. 뉴스를 '허락 없이 사용해도 되는가' 하는 여부에 관해 말이지요. 이는 저작권법 제28조(공표된 저작물의 인용), 제35조의5(저작물의 공정한 이용)에 근거하여, 저작물을 허락 없이 이용할 수 있습니다.

제28조(공표된 저작물의 인용) 공표된 저작물은 보도·비평·교육·연구 등을 위하여는 정당한 범위 안에서 공정한 관행에 합치되게 이를 인용할 수 있다.
제35조의5(저작물의 공정한 이용) 저작물의 통상적인 이용 방법과 충돌하지 아니하고 저작자의 정당한 이익을 부

당하게 해치지 아니하는 경우에는 저작물을 이용할 수
있다.

이외에도 학교 수업 목적으로 일부 요건하에 뉴스를 사
용할 수 있습니다.

제25조(학교교육 목적 등에의 이용) ①고등학교 및 이에 준하는
학교 이하의 학교의 교육 목적상 필요한 교과용도서에
는 공표된 저작물을 게재할 수 있다.
② 교과용도서를 발행한 자는 교과용도서를 본래의 목
적으로 이용하기 위하여 필요한 한도 내에서 제1항에
따라 교과용도서에 게재한 저작물을 복제·배포·공중
송신할 수 있다.
③ 다음 각 호의 어느 하나에 해당하는 학교 또는 교육
기관이 수업 목적으로 이용하는 경우에는 공표된 저작
물의 일부분을 복제·배포·공연·전시 또는 공중송신
할 수 있다.

하지만 위의 법적 기준을 일상생활에서 개인적으로 판

단하기에는 복잡하고 어려움이 많습니다. 뉴스 자료를 올바르게 이용할 수 있는 방법은 없을까요?

∷ 뉴스, 아는 만큼 야무지게 활용하자!

뉴스 자료를 '제대로' 활용하는 방법을 알아보도록 하지요. 먼저, 저작물에 해당하는 내용을 모두 표기하기보다는 헤드라인과 본문 일부를 사용하기를 권합니다. 인용한 기사의 주소를 링크하면, 해당하는 언론사 사이트에 접속하여 전문을 확인할 수 있도록 연결됩니다.

무엇보다 가장 확실한 활용법은 뉴스 저작물을 '구입'하는 것입니다. 뉴스 콘텐츠를 사용하려면 뉴스 저작권 신탁 관리단체인 한국언론진흥재단이 실시하고 있는 '뉴스토어'를 이용하면 됩니다. 뉴스토어는 뉴스 콘텐츠를 합법적으로 이용할 수 있는 뉴스 합법 이용 플랫폼입니다. 국내 최대 뉴스 아카이브인 '빅카인즈'와 연계하고 있어서 기사를 검색하는 데 수월합니다. 원문을 다운로드할 수도 있어 합법적이고요.

온라인상에 널리 퍼져 있고 무분별하게 쏟아지는 것 같아도 뉴스 또한 엄연히 저작권의 보호를 받는 저작물입니다. 그 특성상 저작권의 보호를 받는 저작물을 개인적으로 판단하기 힘든 경우가 많기에 가급적이면 저작권자의 허락을 받는 것이 좋겠습니다. 슬기롭고 안전하게 뉴스 콘텐츠를 이용하는 일상생활, 어렵지 않습니다.

2
그냥 써도 된다는 달콤한 유혹

⋯ 궁금증 맛보기 ⋯

☑ 반 고흐의 그림은 왜 이리 쉽게 사용될까요?

☑ 공공 저작물이라도 사용 제한이나 조건이 있나요?

☑ 초상권은 어떤 법적 권리를 갖나요?

☑ 무료라고 해서 썼는데 법적 책임을 물게 되는 경우도 있
나요?

모든 저작물은
저작권자의 허락을 받아야 할까?

 오늘의 질문

> 궁금한 게 있어요! 돌아다니다 보면 명화를 활용한 디자인
> 이나 상품이 공공장소에서 많이 보이거든요. 공중 화장실
> 액자에도 걸려 있고요. 작가가 외국인이라고 허락 안 받고
> 쓰는 것 같은데, 저작권을 위반하는 행위 아닌가요?

지금까지 지식재산권에 대해 알아 가면서 제가 자주 반
복하는 얘기가 있습니다. 눈치챘나요? 바로 "저작물을 사
용하기 위해서는 원칙적으로 원저작자의 허가를 받아야 한
다."라는 말이지요. 저작물을 사용할 때, 원저작자의 허락을
받는 것이 가장 우선적이고 최선의 방법임은 틀림이 없습
니다.

그런데 저작물 사용에 있어 모든 경우마다 전부 원저작자의 허락을 받아야 하는 걸까요? 만일 원저작자가 외국인이라면? 아무도 정체를 알 수 없고 비밀리에 활동하는 사람이라면? 심지어 100년 전 명화는 누구에게 허락받아야 할까요? 그리고, 사용할 때마다 매번 저작물 이용 허락을 받아야 하는 걸까요?

∴ 저작인격권과 저작재산권의 차이

제목만 들어도 생생하게 그림이 떠오르는 작품이 있습니다. 아마 빈센트 반 고흐의 작품들이 그러할 겁니다. <해바라기>나 <별이 빛나는 밤> 등 글을 쓰면서도 지금 제 눈앞에 그림이 펼쳐지는 느낌입니다.

반 고흐의 그림들은 많은 상품의 디자인으로 쓰이고 있습니다. 광고나 홍보 포스터에도 무척이나 많이 사용됩니다. 그렇다면 이 모든 사용자가 반 고흐의 허락을 받았을까요?

그렇지 않습니다. 세계적으로 엄청 유명한 작품인데 허락받지 않고 써도 된다니? 그 이유에 앞서 저작권의 종류인 '저작인격권'과 '저작재산권'을 살펴보면 한결 이해하기 쉬울 거예요.

저작인격권이란, 명칭처럼 '저작자가 자신의 저작물에 대해 갖는 정신적·인격적 이익을 법률로 보호받는 권리'를 말합니다. 이름에서 파악할 수 있듯, 저작인격권은 우리의 인권을 누구에게 양도하고 상속할 수 없는 것처럼 다른 사람에게 넘기거나 상속할 수 없습니다. 그렇기 때문에 저작인격권은 저작자가 사망하는 동시에 소멸하게 됩니다.

한편 저작재산권은 '저작자가 자신의 저작물에 대해 갖는 재산적인 권리'를 말합니다. 재산적 권리이기에 경제적 가치를 갖고 재산으로 활용할 수 있습니다. 타인에게 그 권리를 넘기거나 사고팔고, 상속도 가능합니다. 근래 화제를 모았던 예로 팝스타 저스틴 비버처럼 자신이 발표했던 음악의 저작권을 파는 경우가 있지요. 또 저작재산권의 경우 생존하는 동안 유효하고 사망한 뒤에도 70년간 존속이 됩니다.

저작권법 제39조(보호기간의 원칙) ①저작재산권은 이 관에 특별한 규정이 있는 경우를 제외하고는 저작자가 생존하는 동안과 사망한 후 70년간 존속한다.

⠿ 마음껏 써도 괜찮습니다만……

반 고흐 그림의 경우, 반 고흐가 사망한 지 70년이 지났으므로 저작인격권과 저작재산권이 모두 소멸했다고 볼 수 있습니다. 그렇기에 광고나 문화예술 분야, 상업 제품, 혹은 각종 휴게 공간 등 다양한 목적으로 어디서든 자유롭게 이용해도 무방합니다. 이러한 저작물을 '만료 저작물'이라고 합니다.

누구나 자유롭게 사용해도 되는 저작물 종류에는 만료 저작물뿐 아니라 '기증 저작물' '자유이용허락표시(CCL) 저작물' '공공(KOGL) 저작물'도 있습니다.

누구나 자유롭게 사용하는 저작물

☑ 만료 저작물

☑ 기증 저작물

☑ 자유이용허락표시(CCL) 저작물

☑ 공공(KOGL) 저작물

먼저 만료 저작물을 알아보았으니 차례대로 하나씩 배워 가겠습니다. 기증 저작물은 무엇일까요? 저작권자가 자신의 저작물을 다른 이들이 대가 없이 이용할 수 있도록 국가에 권리를 기증한 저작물이 바로 기증 저작물입니다. 애국가를 생각하면 바로 이해될 거예요. 애국가는 안익태 선생님의 유족분들이 그 저작권을 국가에 기증했습니다. 그렇기 때문에 우리는 애국가를 언제 어디서나 자유롭게 듣고, 부를 수 있습니다.

다음으로, 자유이용허락표시(CCL) 저작물을 보도록 하지요.

가끔 온라인에 이러한 마크와 함께 CCL(Creative Commons license) 여부 표시란을 본 적 있나요? 자유이용허락표시 (CCL) 저작물이란 저작권자가 일정한 조건하에 자신의 저작물을 누구나 자유롭게 사용하도록 허락한 것입니다.

자유이용허락표시(CCL) 저작물은 이용 범위별로 그 조건이 다릅니다. 무작정 이용하다가는 문제가 생길 수 있어서 이용 범위에 대한 별도의 주의가 필요합니다.

마지막으로 '공공(KOGL) 저작물'에 대해 살펴보겠습니다. 공공 저작물은 정부, 공공기관, 지방자치단체들이 저작권을 관리하는 저작물을 의미합니다. 공공 저작물 사용의 편의를 돕고자 네 가지 공공누리 유형 마크로 정보를 전하고 있는데요. 한국문화정보원과 문화체육관광부에서 제공하는 다음의 마크를 눈여겨볼까요?

제1유형: 출처표시

제2유형: 제1유형+상업적 이용 금지

제3유형: 제1유형+변경 금지(2차적 저작물 사용X)

제4유형: 제1유형+상업적 이용 금지+변경 금지
(2차적 저작물 사용X)

공공 저작물의 경우에는 유형별로 이용 범위가 다릅니다. 그림으로 알 수 있듯 제1유형은 출처 표시만 하면 자유이용이 가능합니다. 제2유형은 출처를 표시하고 상업적 이용이 금지되는 선에서 자유이용을 허락합니다. 제3유형은 출처를 표시하고 변경하지 않는 조건에 자유이용이 가능합니다. 제4유형은 출처를 표시하고 상업적 이용을 금하며 변경 이용을 하지 않는 선에서 자유롭게 이용할 수 있습니다. 공공 저작물 또한 CCL 저작물처럼 이용 범위를 잘 확인하고 써야겠지요?

자, 이번 챕터에서는 우리가 실생활에서 자유롭게 쓸 수 있는 저작물에 관해 알아보았습니다. 자유롭게 쓰되, 함부로 써서는 안 된다는 점도 각각의 상황을 통해 꼼꼼하게 숙지할 수 있었고요. 저작물을 사용할 때는 먼저 저작물의 무허가 사용이 가능한지 알아본 뒤 사용 절차와 방법을 확인하는 습관을 익히면 좋겠습니다.

내가 찍은 연예인 사진,
누가 주인일까?

 오늘의 질문

드디어 다녀온 최애 아이돌의 팬미팅! 직접 찍은 사진을 커뮤니티 단톡방에 공유했어요. 후기를 남겨 달라는 요청이 많았거든요. 근데 누가 저더러 이러면 신고 당한다네요. 제가 직접 찍은 사진이니까 제 소유 아닌가요?

여러분은 좋아하는 연예인이나 크리에이터, 운동선수가 있나요? 바라만 봐도 행복하고, 목소리만 들어도 삶에 활기를 주는 존재 말이지요. 실제로 만날 수 있는 공연이나 운동 경기를 찾아가고, 굿즈를 얻기 위해 똑같은 앨범을 여러 장 사는 등 많은 돈을 투자하기도 합니다.

그렇게 가게 된 공연장이나 경기장에서, 좋아하는 유명

인의 모습을 소장하기 위해 사진을 찍었습니다. 집에 돌아와 다시 보는데 사진이 너무 잘 나온 거 같아서 본인의 SNS에 올리기도 했고요. SNS를 본 사람들은 해당 사진을 캡처하거나 저장해서 또 다른 사람들에게 공유하기도 합니다. 때로는 사진 속 연예인, 혹은 유명인 당사자가 그 사진을 직접 퍼 오기도 한다네요. 그렇다면, 유명인의 사진에 대한 권리는 누가 가지게 될까요? 사진을 찍은 사람일까요? 아니면 사진의 대상이 된 인물일까요?

☼ 내가 찍은 사진이니까 내 권리야! vs 그 사진의 초상권은 나야!

예전에 실제 일어났던 일입니다. 한 운동선수가 팬이 찍은 본인 사진이 꽤 마음에 들었던 모양입니다. 그는 이 사진을 유료 메신저의 홍보용 게시물로 사용했는데요. 이를 알게 된 팬이 '허락을 받지 않고 무단 사용했다.'며 선수에게 항의해 다투게 되었습니다.

사진을 찍은 팬은 해당 게시물을 내려 달라고 요구했지만, 선수는 이를 거부했습니다. 이에 팬은 '내가 찍은 사진이니까 저작권은 나에게 있다. 사용하려면 허락을 받을 것'을 요구했습니다. 한편 운동선수는 '내가 찍힌 사진이니까 초상권이 나에게 있다. 그러니 사용 허락은 필요 없다.'라고 주장했습니다.

과연 둘 중 누구 말이 맞는 걸까요?

이쯤에서, 다시 저작물의 정의를 되새겨 보겠습니다. 저작권이 보호하는 저작물은 '인간의 사상 또는 감정을 표현한 창작물'이어야 한다고 했지요? 즉, 창작성의 요건이 인정되어야 합니다. 쉽게 말해 개성이나 창작성이 없고 누구나 노력 없이 찍을 수 있는 사진은 저작물로 인정받기 어렵습니다.

저작물로 인정될 수 없는 사례 중 하나가 쇼핑몰 사진입니다. 판매하는 물건의 모양이나 형태를 전달하고자 제품 이미지를 단순히 찍어 놓은 경우에 해당한다고 보거든요. 사진이 저작권으로 인정되기 위해서는 "피사체의 선정, 구도의 설정, 빛의 방향과 양의 조절, 카메라 각도의 설정, 셔터의 속도, 셔터찬스의 포착, 기타 촬영방법, 현상 및 인화 등의 과정에서 촬영자의 개성과 창조성"이 인정되어야 합니다.

(대법원 2001. 5. 8. 선고 98다43366 판결)

하지만 저작권이 인정되는 데 고도의 창작성을 필요로 하는 것은 결코 아닙니다. 피사체의 선정, 구도의 설정 등 촬영자의 개성과 창조성이 인정될 수 있는 정도만 있으면 됩니다. 또한 저작권은 저작물을 만든 창작자에게 있지, 피사체에게 있지 않습니다. 만일 시를 썼다고 했을 때, 그 시가 저작권을 가지지 않는 것처럼요.

그렇다면, 운동선수가 주장하는 초상권은 어떨까요?

헌법 제10조 모든 국민은 인간으로서 존엄과 가치를 가지며 행복을 추구할 권리를 가진다.

헌법 제17조 모든 국민은 사생활의 비밀과 자유를 침해받지 아니한다.

사실 초상권은 법률에 명시된 권리가 아닙니다. 위의 두 조항을 근거로 누구든 자기 자신의 초상권이 보장되는 것이지요.

⠿ 무심코 사용한 사진도 다시 살펴야 하는 이유

이제 또 다른 궁금증이 꼬리를 물고 따라옵니다. 사진을 찍은 사람은 해당 운동선수의 초상권을 침범했다고 볼 수 있느냐 없느냐, 하는 것인데요. 어떠할까요?

실제 판결을 통해 상황을 더 면밀히 살펴보겠습니다. 서울지방법원 2014.7.24. 선고 2013가합32048 판결을 보면 "운동선수는 직업의 특성상 자신의 성명과 초상이 대중 앞에 공개되는 것을 포괄적으로 허락한 것이므로 인격적 이익의 보호범위가 일반인에 비하여 제한된다."며 경기 중에 촬영했다는 것만으로 초상권 침해로 보기는 어렵고, "본인에 대한 평가, 명성이 훼손되거나 자신의 성명과 초상이 상품 선전으로 이용되어 정신적 고통을 입었다고 인정될 만한 특별한 사정이 있는 경우 손해배상이 가능하다."고 판시했습니다.

즉, 선수에게도 초상권은 인정되지만, 인격권이 실제 침해된 경우가 아닌 이상 사진 촬영 자체를 초상권 침해로 판단하기 어렵다는 것입니다.

결론적으로, 운동선수를 찍은 사진은 정당한 저작물로 인정될 가능성이 높습니다. 운동선수의 초상권이 침해되었다고 판단될 가능성은 낮고요. 그렇기 때문에 사진을 찍은 팬은 해당 사진을 영리적 목적으로 무단 사용한 선수에게 저작권 침해의 소를 제기할 수 있는 것입니다.

우리가 무심코 사용하는 누군가의 사진, 혹은 사물의 사진에도 저작권이 있을 수 있습니다. 타인의 저작물에 대한 존중이 곧 원저작자에 대한 존중으로 이어진다는 사실, 잊지 말자고요.

무료 폰트는
저작권으로부터 정말 자유로울까?

저희 오빠는 웹디자인에 관심이 많아요. 웬만한 온라인 홍보물이나 종이 전단을 뚝딱 만들 수 있어 주변 지인들에게 소소한 일거리를 받더라고요. 근데 얼마 전, 무단으로 서체를 사용했다는 신고를 당했어요. 무료라서 쓴 건데 왜죠?

보고서나 PPT를 만들 때 가장 고민되는 게 뭘까요? 눈길을 사로잡는 헤드라인? 간결하고도 확실한 구성 방향? 세련된 이미지 삽입? 다 중요할 테지만 저는 그중에서도 글자체, 즉 폰트를 선택하는 데 시간을 많이 들이는 것 같습니다. 어떤 폰트가 제일 잘 어울릴까 항상 고민하거든요. 내용을 작성하는 시간보다 예쁜 템플릿을 찾고, 어울리는 폰트를 찾는 데 시간을 더 많이 소비하기 일쑤입니다. 그러다 정작 마감 시간이 부족해서 프로그램에 내재된 기본 폰트로 게시물을 완성하기도 합니다.

A씨의 경우도 마찬가지였습니다. 프로그램의 기본 폰트로 홍보물을 만든 뒤 개업 홍보를 위해 가게 바깥에 붙여놓았어요. 그런데 며칠 뒤, 저작권 침해를 했다며 내용증명이 날아온 겁니다. 어쩌다 이런 일이 벌어진 걸까요?

∷ 무료라더니, 이 어마무시한 반전은 뭐지?

다들 PPT 만들어 본 적 있지요? 발표 준비를 하려면 빠질 수 없는 프로그램입니다. PPT 프로그램에는 상당히 많은 폰트가 기본으로 내장되어 있습니다. 하지만 이 글자체들을 사용했다가 저작권 침해를 이유로 갑자기 내용증명을 받은 사례가 종종 생깁니다.

PPT 내에서 아무런 대가 없이 제공하고 있어 모든 사람이 공개적으로 사용할 수 있는 폰트인데, 왜 저작권 침해라는 걸까요? 먼저, 이러한 글자체가 저작권상의 보호를 받는 저작물인지 여부를 확인할 필요가 있습니다.

우리나라 대법원은 "글자체와 같이 실용적인 기능을 주

된 목적으로 하여 창작된 응용미술작품은 거기에 미적인 요소가 가미되어 있다고 하더라도 그 자체가 실용적인 기능과 별도로 하나의 독립적인 예술적 특성이나 가치를 가지고 있어서 예술의 범위에 속하는 창작물에 해당하는 경우에만 저작물로 보호되므로, 글자체가 저작물에 해당하지 아니함이 명백하다."고 판시하고 있습니다. (대법원 1996. 8. 23. 선고 94누 5632판결)

대법원은 우리나라의 입법태도, 글자체가 갖는 실용적 기능 및 문화발전을 위한 도구로의 특징을 고려해 글자체의 보호를 부정했습니다. 이러한 판결은 아직까지 글자체의 보호를 부정하는 근거로 제시되고 있고요. 즉, 글꼴 자체만으로 저작권의 보호를 받고 있다고 할 수 없는 것입니다.

하지만 대법원의 판결요지를 살펴보았을 때, 글자체의 저작권을 완전히 부정하지는 않습니다. 단지, 글자체가 보호받을 수 있는 명문규정이 없기에 당시 현행법상으로는 글자체에 저작권 부여가 어렵다는 이유를 밝히기도 했습니다. 이러한 판단을 근거로, 2001년 무렵 대법원은 글자체 파일을 '컴퓨터 프로그램 저작물'로 인정하기 시작했습니다. 다시 말해 저작권상 보호받는 것은 글자체가 아닌 글자체를 담은 '폰트(글꼴) 파일'이 된 셈입니다.

따라서 폰트 파일을 불법적 경로로 다운로드하거나 파일을 무단 복제하거나 변형하는 경우 저작권법에 저촉되지만, 글꼴을 사용하여 만든 홍보 포스터나 기타 창작물 자체로 폰트의 저작권을 침해했다고 보긴 어렵습니다.

최근에는 홍보 포스터나 간행물을 대신 만들어 주는 업체가 많은데요. 만일 이 업체가 폰트를 불법 다운로드한 경우에는 누가 법률상 책임을 지게 될까요?

이러한 경우에는 외주 제작사가 사용한 글자체에 대한 원청의 책임 유무를 살펴보아야 합니다. 외주가 독립적 지위로 제작했다면, 외주를 맡긴 회사는 결과물인 이미지만 사용한 것이 되므로 글자체 파일의 저작권 침해에 해당되지 않습니다.

∷ 글꼴(폰트) 파일 저작권 바로 알기

폰트 사용에 대해 우리가 중요하게 알아야 할 점이 더 있습니다.

지난 2001년, 대법원 판결 이후 무분별한 글자체 창작기업의 저작권 침해 경고와 소송의 제기가 있었습니다. "글자체는 저작물로 보호하지 않고 글자체 파일만을 컴퓨터 프로그램 저작물로 보호한다."는 대법원의 판례가 있었음에도 글자체를 만드는 기업은 글자체만을 이용하는 데 대해서도 내용증명 우편 등을 이용하여 이용자에게 합의금을 받아 내는 일을 서슴지 않게 행했습니다.

또, 파일을 배포하는 과정에서 라이선스의 특수한 규정을 토대로 라이선스 위반 및 저작권 침해를 주장함으로써 사실상 글자체에 대한 권리를 주장하기도 했고요. 이러한 행태는 글자체와 글자체 파일을 구별하는 것이 어려운 이용자들에게 적법과 불법의 경계를 판단하기 어렵게 만들었습니다. 글자체 파일 권리자들의 소송위협에 적절히 대처할 수 없을뿐더러, 그 결과 일반 국민들로 하여금 저작권제도에 대한 근본적 불신을 높이는 결과를 가져왔습니다.

이에 따라 사람들은 '글자 자체에 저작권이 있다.'라고 오해하는 일이 늘었습니다. 갑작스럽게 내용증명 우편을 받게 되면 당황하고 두려울 수밖에 없기에 과도하게 책정된 배상액을 그냥 지급해 버리는 경우도 많았습니다.

사태를 인지한 문화체육관광부와 한국저작권위원회는 「글꼴(폰트) 파일 저작권 바로 알기」라는 간행물을 발행하여 국민들에게 글꼴 저작권 인식을 높이고자 했습니다. 뿐만 아니라 법을 잘 알지 못하는 국민들을 이용해 불법적으로 합의금을 수취하는 기업에게는 막강한 규제가 필요할 테지요.

유료 폰트는 정식 절차를 통해 올바르게 구매하고, 무료 폰트는 해당 저작권 사용 범위를 잘 확인하여 사용하는 것이 무엇보다 중요하겠어요.

거리마다 들려오던 캐럴이
사라진 이유는?

옛날에는 거리마다 노래를 시끄럽도록 틀어놓았다는데, 요 즘엔 크리스마스 시즌이 되어도 조용하잖아요. 아빠 말로 는 그게 다 저작권 때문이래요. 자칫 잘못 틀었다간 엄청난 벌금을 물어야 한다면서요?

　여러분의 기상 알람은 어떤 음악인가요? 기본 벨 소리? 아니면, 좋아하는 가수의 노래? 제 기상 알람은 머라이어 캐리의 'All I want for Christmas is you'입니다. 전주만 들어도 흥얼거릴 만큼 캐럴송으로 가장 유명한 노래라고 할 수 있지요. 제가 겨울을 좋아하는데요, 겨울을 느끼게 해 주는 것 중 하나가 크리스마스캐럴 아니겠어요? 아침마다 캐럴을 들으면 왠지 설레는 마음으로 하루를 시작하게 됩니다.

과거에는 거리를 거닐다 보면 가게 매장에서 혹은 광장에서 캐럴이 흘러나왔습니다. 정말 어떨 때는 질린다 싶을 만큼 많이 나왔지요. 하지만 몇 해 전부터 길거리에서 캐럴송 듣기가 영 쉽지 않습니다. 캐럴만의 문제라고 하기에는 다른 노래도 예전만큼 들리지 않습니다. 무슨 이유가 있는 걸까요?

∷ 캐럴이 사라진 자리에 존재하는 '공연권'

우리가 듣는 음악은 저작권법에서 '음악 저작물'로 보호받고 있습니다. 이러한 음악 저작물의 사용을 허락하거나 금지할 수 있는 권리를 '음악 저작권'이라고 합니다. 음악 저작권은 음악 저작물을 이용하는 형태에 따라 실연권, 공연권, 방송권, 상영권, 복제권, 배포권, 공표권 등 여러 저작권이 발생합니다.

길거리에서 캐럴이 흘러나오지 못하는 이유는 음악 저작권 가운데 '공연권'이라는 권리 때문입니다. 공연권은 저작재산권의 한 종류인데요. 앞에서 배운 내용에 따르면 저작재산권은 재산적 권리이기에 경제적 가치를 갖고 재산으로 활용할 수 있다고 했지요. 이렇듯 공연권이 저작재산권

에 포함되는 개념이라면, 공연 자체의 의미를 파악하면 이
해가 수월할 겁니다. 공연이란 '저작물 또는 실연·음반·방
송을 상연·연주·가창·구연·낭독·상영·재생 그 밖의 방법
으로 공중에게 공개하는 것'을 말합니다.

저작권법 제2조(정의)

3. "공연"은 저작물 또는 실연·음반·방송을 상연·연
   주·가창·구연·낭독·상영·재생 그 밖의 방법으로
   공중에게 공개하는 것을 말하며, 동일인의 점유에
   속하는 연결된 장소 안에서 이루어지는 송신(전송을
   제외한다)을 포함한다.

즉, 타인의 음악 저작물을 허락 없이 공중에 공개하는
것은 불법이라는 얘기입니다.

2018년 저작권법 시행령 개정안에는 창작자의 권리 강
화를 위해 음악 저작물의 공연권 행사 범위를 확대했습니
다. 기존에는 유흥주점, 대형마트, 백화점 등에만 규정했다
면, 개정안에서는 커피전문점, 비알코올 음료점, 헬스장 등
으로 그 범위를 넓혔습니다. 또한 면적 크기별로 징수하는
금액에도 차이를 두다 보니, 저작권료에 대한 부담을 느낀

자영업자들이 캐럴을 포함한 음악 저작물의 사용을 줄이게 되었지요.

그렇다면 모든 매장에서 캐럴을 트는 게 금지된 걸까요? 아닙니다. 아마 여러분도 어딘가에서는 분명 캐럴을 들었을 텐데요. 현행 저작권법에 따르면 전통시장 그리고 면적이 50m²가 안 되는 소규모 영업장은 공연권료 납부 대상에서 제외됩니다. 더불어 저작권법 시행령 제11조에 열거되지 않은 업종 — 예를 들어 일반음식점, 의류판매장 — 의 경우는 징수 대상에서 제외됩니다. 왜 이들은 제외되냐고요? 바로, 저작권법 제29조 '영리를 목적으로 하지 아니하는 공연'에 해당하기 때문입니다.

제29조(영리를 목적으로 하지 아니하는 공연·방송) ①영리를 목적으로 하지 아니하고 청중이나 관중 또는 제3자로부터 어떤 명목으로든지 반대급부를 받지 아니하는 경우에는 공표된 저작물을 공연(상업용 음반 또는 상업적 목적으로 공표된 영상저작물을 재생하는 경우를 제외한다) 또는 방송할 수 있다. 다만, 실연자에게 통상의 보수를 지급하는 경우에는 그러하지 아니하다.

∷ 음악 저작물의 사용과 보호에 대해

그럼에도 많은 사람이 캐럴을 트는 것을 여전히 꺼리고 있답니다. 그 이유를, 우리는 2021년에 있었던 '화장품 매장 판결'을 통해 유추할 수 있겠습니다.

당시 한국음악저작권협회는 화장품 회사 두 곳을 상대로 부당이익금 반환 소송을 제기했습니다. 이 두 회사의 매장에서 음악을 재생한 것이 명백한 공연권 침해라는 것이었습니다. 사실 한국음악저작권협회는 그보다 훨씬 앞선 2008년 11월, 이 두 회사와 음악 저작물에 음악을 재생할 수 있는 서비스 계약을 체결했습니다. 이에 두 회사는 매장 분위기, 계절 등에 맞추어 매장으로 노래를 '공중송신' 했고 매월 일정액을 지불했습니다.

하지만 한국음악저작권협회는 이번에 공중송신권의 문제가 아닌 여러 사람이 노래를 듣도록 하는 공연권을 문제 삼았습니다. 징수규정 개정안에 카페나 생맥주 전문점 등은 있지만 화장품 업종에 대한 공연사용료 징수 근거 규정이 별도로 존재하지 않습니다. 그럼에도 재판부는 커피 전문점 등에 대한 면적별 기준금액을 적용하여 화장품 매장에 대한 사용료 징수를 인정했습니다. 재판부는 화장품 매장이라는 업종 특성과 매장 공연으로 얻을 수 있는 이익 정도를 반영해 85% 정도 감면했지만, 협회는 이에 대해 인정할 수 없다며 항소했습니다.

이와 같은 판결은 일반적 자영업자들 기준에서 음악 저작물의 사용 범위를 제대로 파악하기 어렵게 하고, 음악 저작물 사용을 위축하는 결과를 불러일으킵니다. 그러니까 자영업자들은 아예 음악 저작물을 사용하지 않는 방법을 선택하게 된 겁니다.

음악 저작권의 사용료 징수와 관련해 명확한 판단이 나오지 않게 된다면, 자영업자들의 혼란이 더욱 커질 것으로 보입니다. 올 겨울에는 길에서 흘러나오는 캐럴을 들을 수 있을까요?

캐릭터에도
저작권이 있을까?

 오늘의 질문

다이어리를 꾸미는 데 필요한 필수 아이템은 제가 좋아하는 캐릭터들이에요. 펭수 필통, 잔망루피 지우개, 산리오 색연필 등등. 돈 주고 산 것도 있고 생일선물로 받은 것도 있어요. 근데 캐릭터 상품들은 저작권이 어떻게 되는 거예요?

여러분은 좋아하는 캐릭터가 있나요? 과거에는 텔레비전에서 방영되는 애니메이션을 보기위해 학교 끝나고 일찍 집에 오거나, 방영 시간에 맞춰서 텔레비전 앞에서 하염없이 기다리기도 했는데…… 앗, 너무 옛날이야기를 했나요? 여하튼 좋아하는 캐릭터가 나오는 프로그램을 귀하게 챙겨 보던 시절이 있었습니다. 지금도 가끔 생각이 나면 찾아보기도 하고요.

최근에는 애니메이션에서 나오는 캐릭터가 아니더라도, 온라인상에서 사람들에게 사랑을 받으면서 유명해진 캐릭터들도 많아졌습니다. 이런 캐릭터들이 유명해지면 캐릭터 관련 상품들이 줄지어 나옵니다. 작게는 연필, 지우개 등의 문구용품과 스티커, 휴대폰 메시지앱의 이모티콘에서부터 크게는 대기업과 협업을 통해 특정 상품의 에디션으로 발간되기도 하지요.

이처럼 캐릭터가 하나의 홍보 수단뿐 아니라 재산적 가치로도 활발하게 이용되고 있는데요. 캐릭터에도 저작권이 있을까요? 아니면, 다른 지식재산권이 적용될까요? 이번 챕터에서는 캐릭터를 만들고 어떻게 등록하는지, 또한 어떠한 방법으로 보호받을 수 있는지 함께 알아보겠습니다.

∷ 캐릭터의 법적 보호 방법 세 가지

캐릭터는 사전적 정의로, '소설, 만화 극 따위에 등장하는 독특한 인물이나 동물의 모습을 디자인에 도입한 것'을 의미합니다. 캐릭터는 법적으로 보호받을 수 있는 방법이 다양합니다. 대체로 저작권, 디자인

권, 상표권 세 가지 방법으로 캐릭터 지식재산권을 등록하고 있습니다. 순서대로 살펴보도록 할게요.

캐릭터 지식재산권 등록 방법

☑ 저작권 ☑ 디자인권 ☑ 상표권

먼저 저작권의 경우에는 "캐릭터 자체가 저작물로 인정되는지" 여부를 확인해야 합니다. 이전 챕터에서 저작물로 인정받기 위한 요건을 반복해서 이야기했지요? 저작물로 인정받기 위해서는 인간의 사상 또는 감정을 표현한 창작물이어야 합니다. 캐릭터에 인간의 사상과 감정이 들어가고 창작성이 들어갔다고 보기에는 충분할 테지요. 캐릭터의 독특한 형태 혹은 캐릭터가 가지고 있는 특색은 독창성과 창작성이 있다고 판단할 수 있고요. 이러한 캐릭터의 경우 '미술 저작물'로 분류됩니다.

원래 저작권은 별도로 등록하지 않더라도 창작과 동시에 발생하는 권리입니다. 하지만 최근 저작권에 대한 중요도가 높아지면서 저작권 등록을 신청하는 사람이 늘어나는 추세입니다.

또 다른 이유도 있어요. 저작권 등록을 하면 상대방의 침해 행위가 발생했을 때, 혹은 행위에 대한 전반적인 내용을 스스로 입증해야 할 때, 절차의 번거로움이 줄어듭니다. 저작권 등록을 하게 되면 '창작연원일'을 알 수 있기에 굳이 증빙 자료를 수집하여 따로 소명할 필요가 없습니다. 적극적인 권리 행사가 가능해지는 것이지요. 또한 저작권은 권리 존속기간이 70년이므로 자신의 캐릭터를 장기적으로 보호받는 데 무척 용이할 것입니다.

캐릭터의 저작권은 한국저작권위원회에서 온라인으로 신청할 수 있습니다. 저작권 등록을 할 때는 뭐가 필요할까요? 첫째, 캐릭터의 형태나 모습에 대해 서술해야 합니다. 구체적으로 작성할수록 이후 저작권 문제가 발생했을 때 제대로 대응하기에 쉽답니다. 둘째, 캐릭터의 기본 형태에 대한 파일을 첨부해야 합니다. 캐릭터의 정면, 좌우 측면, 후면의 모습이 각각 잘 보일 수 있도록 해야 합니다. 이후 창작연월일과 공표연원일을 작성하고 제출하면, 심사를 거친 뒤 저작권 등록이 완료됩니다.

∴ 확실하게 지키고 안전하게 보호하기

캐릭터 지식재산권 등록의 두 번째 방법을 보겠습니다. 두 번째로는 캐릭터를 디자인으로 등록하여 디자인권을 통해 보호받을 수 있습니다. 디자인권 또한 산업재산권의 일종이에요. '물품의 형상·모양·색채 또는 이들을 결합한 것으로 시각을 통하여 미감을 일으키게 하는 것'을 말합니다.

이러한 디자인은 디자인보호법의 적용을 받습니다. 캐릭터의 디자인을 보호하는 경우는 주로 캐릭터의 외형을 보호하는 경우입니다. 캐릭터의 디자인권 취득을 위해서는 캐릭터가 물품에 표현되어 있고 외관상의 특징이 있어야 하지요. 예를 들어 제 고객이었던 펭수 그림이 그려진 물통, 혹은 펭수 패치가 붙은 모자처럼 물품과 캐릭터가 결합되어야 디자인으로 등록이 가능합니다.

즉, 디자인권의 경우 디자인으로 등록된 물품에 대해서만 캐릭터가 보호됩니다. 만일 펭수 그림이 그려진 물통은 디자인권으로 등록했으나 필통은 디자인권으로 등록하지 않았다면? 필통에 대해서는 디자인권의 침해를 주장할 수 없는 겁니다.

디자인보호법에서는 "디자인과 물품은 떼려야 뗄 수 없는 관계"라고 규정하고 있기에 캐릭터 자체가 디자인의 등록 대상이 될 수는 없습니다. 그렇기 때문에 만약 해당 캐릭터를 이용한 상품을 판매하는 권리자의 경우, 모든 물품의 디자인을 등록하는 것이 옳은 방향입니다.

디자인은 도용과 모방에 취약하므로 권리를 보호하기 위해서는 빠르게 권리를 취득할 필요가 있습니다. 또한, 디자인권의 특성상 디자인이 공개되고 시간이 지나면 권리 취득이 어려워집니다. 따라서 창작과 동시에 권리를 빠르게 취득하는 편이 안정적입니다. 디자인권은 생각보다 좀 더 많은 개념 이해와 절차가 따르기에, 책의 마지막 챕터에서 한 번 더 이야기 나누겠습니다.

세 번째 방법은 캐릭터를 상표로 등록하는 것입니다. 앞서 1부에서 상표권에 대해 알아볼 때 언급한 바 있듯, 상표란 '자기의 상품과 타인의 상품을 식별하기 위해 사용하는 표장'을 의미합니다. 캐릭터가 타인의 상품과 식별될 수 있고, 출처의 기능을 확실히 가진다면 상표로 등록받을 수 있습니다. 펭수라는 상표가 자연스레 EBS를 떠올리게 하는 경우가 대표적이겠습니다.

캐릭터 상표권은, 해당 상표의 권리가 존속되는 기간 동안 상표권자의 허가 없이 누구도 사용할 수 없는 배타적 권리입니다. 또, 상표권의 경우 저작권과는 다르게 10년을 주기로 필요한 만큼 권리를 연장 및 갱신할 수 있다는 장점이 있습니다. 단, 캐릭터를 상표로 등록할 경우에는 지정상품마다 각각 출원해야 하기 때문에 이 점 또한 유의해야겠지요.

이렇게 우리가 사랑하는 캐릭터들을 보호할 수 있는 여러 가지 방법들을 알아보았습니다.

한때 곰돌이 푸, 피카츄 등 해외 유명 캐릭터을 마카롱에 그려 넣어 저작권 관련 논란이 있었습니다. 최근에는 잔망루피, 쿵야 등 좋아하는 캐릭터를 넣은 '주문제작 케이크'가 인기리에 판매되는 경우도 종종 발견되고요. 이러한 행위는 캐릭터를 상업적으로 이용하는 것이므로 저작권자의 허락을 받지 않고 사용했다면 엄연한 저작권 침해입니다.

캐릭터의 특성상 실질적인 유사성이 높지 않다면 저작권을 침해했다고 판단하는 경우는 극소수입니다. 위반 여부를 가려내기에 쉽지 않은 사례가 많을 수밖에 없고요. 그러니 우리의 태도가 무엇보다 중요하겠지요? 라이선스를 얻지 않고 판매되는 물품의 구매를 자제하고, 일상 속에서 자연스럽게 침해할 수 있는 캐릭터들의 저작권을 세심히 살펴야겠습니다. 사랑하는 캐릭터를 오래 볼 수 있는 방법은, 그들의 권리를 올바르게 지켜 주는 것입니다.

Part 3

괜찮을까?
알아 두면 쓸모 많은
지식재산권 사례

1
마음 다치기 전에, 저작권 공부부터

궁금증 맛보기

☑ 친구 사이에 링크를 공유하는 것도 문제가 될까요?

☑ 별다른 의도 없이 모르고 한 경우에도 침해와 위반에 적
   용되나요?

☑ '예외'가 적용되는 상황과 경우는 누가 판단하나요?

☑ 재미 삼아 다른 사람 것을 따라 한다거나, 유명 사진을 옮
   기는 건 어떤가요?

☑ 사적이용의 기준을 바르게 판단할 수 있을까요?

링크 공유,
저작권 괜찮을까?

 오늘의 질문

요즘 재미난 영상이나 사이트가 왜 이리 많은지 모르겠어요. 친구들과 단톡에서 링크를 공유하며 낄낄거리다 보면 공부 스트레스도 풀려요. 근데 며칠 전 누나가 저한테 버럭 화내면서 신고당할 만한 행동 좀 그만하라는데, 대체 왜요?

　'본방사수' 시간을 놓치면 '다시보기' 서비스를 통해 보고 싶었던 드라마나 예능 프로그램을 찾아보곤 하지요? 요즘은 OTT 플랫폼으로 다양한 영상들을 실시간으로 보거나 가장 빠르게 다시 볼 수 있고, 온라인 저장공간에 소장할 수도 있습니다. 하지만 드라마 한 편을 보려고 OTT에 가입해 매달 구독료를 내자니 돈이 좀 아깝게 느껴질 때가 있습니다. 그러면 인터넷에 '드라마 다시보기' '영화 다시보기'를 검색하기도 합니다. 해당 사이트에 들어가면 다시보기를 할수 있는 링크가 게재되어 있거나, 아예 클릭하여 바로 영상을 볼 수 있도록 되어 있거든요.

타인의 영상을 직접적으로 게시하는 것은 지금까지 계속 알아 왔듯 명백한 저작권법 위반입니다. 그렇다면 링크 공유는? 링크를 공유하는 것도 저작권법 위반일까요?

◌ 웹사이트의 위치 정보를 제공하잖아
vs 복제 전송의 도구일 뿐이야

검색 사이트에 '드라마 다시보기' 키워드를 입력하면 2022년 11월 기준 약 4천만 건의 결과가 나옵니다. 누구라도 어렵지 않게 다시보기 링크를 게재하는 사이트를 찾아볼수 있는 것이지요.

먼저, 링크란 무엇일까요? 링크란, "사전적 의미로 인터넷 홈페이지에서, 지정하는 파일이나 문자열로 이동할 수 있도록 걸어 놓은 홈페이지 간의 관련"을 말합니다. 쉽게 말해 특정 사이트로 이동할 수 있는 직접적 주소라고 생각하면 됩니다. 링크의 종류는 세 가지—단순 링크, 프레이밍 링크, 임베디드 링크—로 구분됩니다.

링크의 종류

☑ 단순 링크: 주소를 복사해 바로 붙여 넣음

☑ 프레이밍 링크: 링크를 누르면 프레임 내에서 재생

☑ 임베디드 링크: 내 홈페이지에서 바로 재생, 자동 재생

- 단순 링크: 특정 웹사이트 주소를 복사해 붙여 넣는 방식으로 해당 웹사이트의 메인 페이지로 바로 이동됩니다.

- 프레이밍 링크: 게재된 링크를 눌렀을 때, 해당 홈페이지 일부가 내 홈페이지 속 프레임 내에서 작동하도록 하는 방식입니다. 이는 링크를 누르면 해당 사이트로 이동하지만, 내용 일부를 내 홈페이지에서도 확인할 수 있습니다.

- 임베디드 링크: 유튜브나 다른 웹사이트의 영상, 음악 등의 창작물을 내 홈페이지에서 바로 재생할 수 있게 하거나 자동으로 재생될 수 있도록 게재하는 방식입니다. 불법 사이트에서 가장 많이 사용되는 방식으로 영상을 임베디드 링크 형태로 게재해 해당 사이트에서 영상을 바로 시청할 수 있게 만든 형태입니다.

사실 십여 년 전만 해도, 우리나라 법원은 단순 링크를 공유하는 행위는 저작권법 위반이 아니라고 보았습니다. (대법원 2010.03.11. 선고 2009다4343 판결)

왜 위반이 아니라고 했을까요? 링크는 웹사이트의 위치 정보나 경로를 나타낸 것에 불과하다고 판단했기 때문이었습니다. 그렇기에 링크는 영상의 복제나 전송행위라고 볼 수 없다는 것이었습니다.

시간이 흐르고 2017년, 프레이밍 링크와 임베디드 링크는 저작권 침해 방조가 될 수 있다는 대법원의 판결이 나왔습니다. (대법원 2017.9.7. 선고 2017 다222757 판결)

판결 이후, 불법 사이트로 연결하는 프레이밍 링크나 임베디드 링크 대신 '단순 링크' 공유 사이트 수가 늘어났는데요. 최근 한 사례를 통한 판결에서 단순 링크에 대한 법원의 입장이 바뀌었음을 알 수 있었습니다. 그 내용을 같이 확인해 볼게요.

∷ 이례적 판결이 의미하는 것은

사례를 살펴보자면, P씨는 '다시보기' 사이트를 운영하고 있었습니다. 해당 사이트는 사용자들이 국내 드라마, 영화, 예능 등 영상물을 무료로 시청할 수 있도록 콘텐츠를 제공했지요. P씨는 직접 저작권 침해 영상물을 웹사이트에 올리는 것은 아니었습니다. 타인이 저작권을 위반하고 올린 불법 영상물 '링크'를 게시하기만 하여 다른 사람들이 볼 수 있도록 했어요. 그리고 그 과정에서 사이트에 광고를 게재하고 수익을 얻었습니다.

이에 P씨는 불법 사이트 링크를 공유한 혐의로 재판에 넘겨졌습니다. P씨는 1심과 2심에서 이전 법적 판단과 마찬가지로 "저작권 침해 방조행위에 해당하지 않는다."는 결론을 받았습니다. P씨의 행위는 저작물이 불법 업로드 된 상황을 이용한 것일 뿐 저작권 침해 행위 자체를 부추긴 것은 아니라는 판단이었습니다.

결국 이 사건은 대법원 전원합의체까지 올라갔고 여기서 이례적인 판결이 나왔습니다.

대법원 전원합의체는 P씨에게 "저작권법 침해를 방조한 것이 인정된다."며 유죄 취지로 파기 환송하고 사건을 서울중앙지법으로 돌려보냈습니다. 이는 단순 링크를 게시한 것만으로 저작권법 침해 방조범으로 처벌할 수 없다는 기존의 판례와 대비되는 판단인 것이었어요.

대법원은 판단의 근거로 "P씨 역시 게시한 링크에 연결된 사이트가 저작권을 침해하는 불법적인 사이트를 인식하고 있었고, 링크 게시 행위가 저작권법 침해와 밀접한 관련이 있으며, 그 침해를 강화하고 증대하는 등 현실적인 기여를 했다."는 점을 문제 삼았습니다.

위 사례에서 확인할 수 있듯, 영리의 목적을 갖고 지속적으로 저작권 침해물에 접근할 수 있는 정도가 되는 경우에는 저작권법 침해를 방조한 것으로 불법 행위가 될 수 있기에 주의해야 합니다.

경찰에서도 앞으로 영화, 방송 등 K-콘텐츠 불법 스트리밍 사이트를 중점적으로 단속하고, 콘텐츠 불법 유통으로 벌어들인 범죄수익 환수에도 집중하겠다고 밝힌 바 있습니다. 또한 유튜브 자체적으로도 저작권 침해 게시물에 관한 조치가 강화되는 추세인데요. 저작권 침해 콘텐츠를 직접 업로드한 경우 외에 다시보기 링크를 실시간으로 올리거나, 영상 설명란에 게시하는 경우에도 침해 신고를 통한 제재조치를 하고 있습니다.

단순히 링크를 공유했다고 모두 불법이라고 보기엔 어려움이 있습니다. 그렇게 된다면 인터넷 환경에서 모든 정보 공유의 제약이 생기게 되겠지요. 다만 단순 링크를 공유한 경우에도 저작권 위반으로 될 가능성도 있으니 저작권 위반에 대해 제대로 알고 활용해야겠습니다.

필사해서 업로드한
책의 문장, 저작권 괜찮을까?

 오늘의 질문

책이나 영화의 멋진 대사를 필사하는 게 제 취미예요. 좋아하는 문장을 직접 쓰다 보면 마음이 편안해지거든요. 저번에 필사 문장을 SNS에 올렸는데, DM이 왔어요. 저작권법 위반이라는데, 좋아하는 취미 생활도 안 되나요?

여러분은 좋아하는 책이 있나요? 그 책을 왜 좋아하게 되었나요? 저도 무척 좋아하는 시집이 있습니다. 시집에 담긴 어느 한 문장이 저에게 큰 감동을 주었기 때문입니다.

최근에는 독자들이 책을 읽으면서 위로와 공감을 얻은 글귀를 여러 사람들과 공유하기도 합니다. 다이어리에 옮겨 적거나 이미지 카드 형식으로 만들어서 그걸 본인 SNS에 직접 게시하는 것이지요. 내게 힘이 된 말이 누군가에게도 힘이 되었으면, 하는 마음일 테고요. 그런데 이러한 진심이 행여 원작자의 저작권을 불법적으로 침해할 수도 있다는 게 사실일까요? 아니면, 짧은 문장이니까 써도 괜찮은 걸까요?

∴ 좋아하는 마음을 잘 보호받으려면

비단 책만의 이야기가 아닙니다. 방송 프로그램의 자막이나 일반인이 개인 SNS에 게시한 글을 그냥 캡처하여 자신의 SNS에 올리는 경우도 많습니다. '길지도 않은데 괜찮겠지?' '개인 SNS라 상관없는 거 아니야?' '누가 그렇게 꼼꼼하게 확인해 보겠어?' 하고 생각할 수 있습니다.

하지만 마냥 쉽게 여겨서는 안 되는 문제입니다. 다시 책 이야기를 통해 쟁점을 나눠 보도록 하지요. 출판 분야 가운데 에세이의 인기는 어마어마합니다. 근래 베스트셀러 에세이의 주제와 키워드를 보면 힐링, 위로나 응원 같은, 누군가에게 따뜻한 위안이 되어 주는 내용을 책들이 많습니다. 많은 사람들이 공감되는 문장에 밑줄을 긋기고 하고, 인덱스로 표시해 두기도 합니다. 그리고 온라인상에 이를 올리며 소개하고 사람들과 공유하는데요. 원칙적으로 이러한 행위는 위법입니다.

우리나라의 저작권법은 에세이와 같은 서적을 어문저작물의 한 종류로 여겨, 저작권법의 보호를 받는다고 명시합니다. 여기서 말하는 어문저작물은 책 한 권에 대해서만 적용되지 않습니다. 책 속에 있는 문장들에도 그대로 적용된다고 보는 것이 맞습니다. 즉, 책 한 권을 다 복제한 것이 아니라 일부 내용만 발췌하더라도 원칙상 문제가 되는 셈이지요.

하지만 간혹 이러한 일도 생깁니다. 책을 읽고 너무 좋아서 그 일부 내용을 발췌해 개인 온라인 공간에 글을 올렸더니, 작가가 고맙다고 직접 댓글을 남기는 거예요. 혹은 출판사에서 '좋아요'를 누르기도 하고요. 훈훈함이 오가는 이런 경우에도, 문제를 제기해야 할까요?

이는 "문제는 되지만, 홍보 효과가 더 크기 때문에 문제 삼지 않는다."라고 볼 수 있겠습니다. 저작권법 위반 행위는 저작권을 갖고 있는 자가 직접 고소를 하는 경우에만 처벌받을 수 있는 '친고죄'에 해당하기에 원작자 혹은 출판사가 문제 삼지 않으면 아무런 처벌을 받지 않습니다. 원작자의 입장에서 책의 전체 줄거리를 공유하지 않는 선에서 일부 내용을 발췌한 글이 인기를 얻게 되어 책의 판매량이 늘어나게 된다면? 나쁠 게 없으니까요.

반면 책의 중심 내용과 반전 결말 등을 그대로 발췌해

온라인에 올려서 판매에 부정적 영향을 끼치거나 독자들의 독서를 방해한다면, 원작자나 출판사가 어떠한 식으로든 조치를 취하게 되겠지요.

저작권법 위반의 판단이 원작자의 금전적 이익만을 침해 여부로 판단되는 것이 아니라는 점도 유의해야 합니다. 본인의 노력과 창작성이 들어간 저작물에 대한 보호를 다른 무엇보다 가장 중요시하는 경우도 많습니다. 따라서 단순히 "내가 이 책 홍보해서 잘 팔리게 해 주는 건데, 뭐가 문제야?" 하는 생각은 잘못된 것임을 명심해야 합니다.

∴ 사적이용의 올바른 지침

앞서 사례들을 보았듯 무단 발췌와 인용은 원저작자의 저작재산권 중 일부인 '복제권'과 '배포권'을 침해했다고 여겨질 수 있습니다.

저작권법에서 정의하고 있는 복제는 저작권법 제2조 제22호에 따라 "인쇄·사진촬영·복사·녹음·녹화 그 밖의 방법으로 일시적 또는 영구적으로 유형물에 고정하거나 다시 제작하는 것"을 말합니다. 배포는 저작권법 제2조 제23호에 따라 "저작물등의 원본 또는 그 복제물을 공중에게 대가를 받거나 받지 아니하고 양도 또는 대여하는 것"을 말하지요.

그러므로 책 속 글귀를 사진으로 찍어 SNS에 게시하는 것은 영리적 목적과 상관없이 원저작자의 복제권과 배포권을 침해하는 행위입니다. 앞에서도 설명한 것처럼, 우리나라의 저작권법은 저작물의 공정한 이용을 도모함으로써 문화 및 관련 산업의 향상에 이바지함을 목적으로 하기에, 발췌했다는 이유만으로 모든 사람을 처벌하지는 않습니다.

발췌를 법적으로 인정할 수 있는 대표적인 근거로는 '공표된 저작물의 인용'과 '공정이용'이 있습니다. 먼저, 공표된 저작물의 인용은 저작권법 제28조에 명시되어 있는 "공표된 저작물에 대하여 보도·비평·교육·연구 등을 위하여는" 정당한 범위 안에서 인용할 수 있습니다. 또한 공정이용은 저작권법 제35조 5항에 명시되어 있는 개념으로 "저작물의 통상적인 방법과 충돌하지 않고 저작자의 정당한 이익을 부당하게 해치지 않는 경우에 저작물은 원저작자의 허락 없이 이용할 수 있는" 것을 말합니다.

사실 이 두 경우 모두 명확한 객관적 범위가 있지는 않습니다. 인용 범위, 인용 정도 등 여러 요소를 종합하여 판단되기 때문에 개인이 그 판단 기준을 가늠하기 쉽지 않지요. 또 원저작자의 실명 혹은 필명을 적어 반드시 출처를 표기해야 한다는 것은 경우를 막론하고 항상 잊지 말아야 함을 전제합니다.

단지 개인이 소장하고 기억하기 위한 복제는 저작권법 제30조에서 보호하고 있는 "사적이용을 위한 복제"로 인정되어 법적으로 저촉받지 않습니다. 마음이 힘들 때, 가끔 누군가에게 위로받고 싶을 때, 짧은 문장 하나가 세상 가장 큰 위로가 되기도 합니다. 그러니 따뜻한 마음을 건넨 작가들에게 예의와 존중을 지켜 줘야겠어요. 해당 글을 적법하게 이용하고 그 출처를 표기한다면, 나에게 작은 위로를 건네준 사람에게 보답할 수 있는 가장 좋은 방법일 것입니다.

건축물 사진 촬영,
저작권 괜찮을까?

코로나 상황이 완화되어 둘째 이모가 유럽 가는 비행기표를
예매했어요. 3년간 묵혔던 버킷리스트 뽀개러 간대요. 프
랑스, 스페인, 영국 등을 다니며 실컷 사진 찍고 먹방 하고
올 거라는데, 유명한 건축물 촬영은 저작권 상관없나요?

여러분은 프랑스 '파리' 하면 무엇이 가장 먼저 떠오르나
요? 저는 에펠탑이 떠오릅니다. '뉴욕' 하면 엠파이어스테이
트 빌딩, '서울' 하면 남산타워, 스페인 '바르셀로나'에는 유명
한 건축가 안토니 가우디가 설계한 '가우디 성당'이 있고요.

이처럼 국가나 도시를 대표하는 랜드마크 건축물들이
있습니다. 여행을 가면 그 앞에서 사진 찍는 것이 당연히 필

수 코스이지요. 단지 랜드마크가 아니라도 우리는 거리를 걷다 마음에 드는 건물을 보면 기록을 남기곤 합니다. 그런데 건축물 사진을 찍어서 개인 SNS에 올렸더니 난데없이 고소장이 날아온다면? 무척 당황스럽겠지요. 실제로 이런 사례가 발생했습니다. 어떻게 된 일일까요?

⠿ 모두를 위한 공공 건축물?
vs 개인의 창작성을 갖춘 건축저작물?

건축물도 저작물로 보호받을 수 있을지 여부부터 살펴보도록 하겠습니다. 건축물은 저작권법 제4조에서 명시하고 있는 저작물의 한 종류입니다. '건축물·건축을 위한 모형 및 설계도서 그 밖의 건축저작물'을 저작권법에서 보호하고 있습니다. 그렇기에 종종 건축저작물과 관련된 저작권 침해 사례가 발생하는데요. 대표적인 사례로 'UV하우스 사건'이 있습니다.

UV하우스는 파주 헤이리에 위치한 건축물로 건축가 민 모씨(원고)의 설계로 만들어졌습니다. 해당 건물은 건물의 독특한 모양, 공간 및 각종 구성 부분의 배치와 조합 등을 비추어 보았을 때 고도의 미적 창작성을 갖춘 건축저작물에 해당합니다. 즉, 저작권법의 보호를 받는다는 의미인데요.

사건의 발단은 국민은행(피고)이 광고제작을 하면서 UV하우스의 일부분을 영상에 담아 송출한 것에서 시작됩니다.

해당 광고 영상에서 UV하우스 외벽 일부가 광고 내에 사용되어 영상으로 송출되었습니다. 원고는 이러한 영상을 보고 본인의 건축저작물에 대한 저작권을 침해한 행위라며 손해배상청구의 소를 제기했습니다. 피고 측은 저작권법 제35조를 근거로 위 내용을 반박했고요.

제35조(미술저작물등의 전시 또는 복제) ①미술저작물등의 원본의 소유자나 그의 동의를 얻은 자는 그 저작물을 원본에 의하여 전시할 수 있다. 다만, 가로·공원·건축물의 외벽 그 밖에 공중에게 개방된 장소에 항시 전시하는 경우에는 그러하지 아니하다.

②제1항 단서의 규정에 따른 개방된 장소에 항시 전시되어 있는 미술저작물등은 어떠한 방법으로든지 이를 복제하여 이용할 수 있다. 다만, 다음 각 호의 어느 하나에 해당하는 경우에는 그러하지 아니하다.

피고는 UV하우스가 공중에서 개방된 장소에 항시 전

시되는 건축물이기 때문에 저작권법 제35조에 따라 자유롭게 허가 없이 복제하여 이용할 수 있다고 주장했습니다. 재판부는 원고와 피고 중 누구의 손을 들어 주었을까요?

결론부터 말하자면, 재판부는 원고의 주장을 기각하면서 피고의 손을 들어 주었습니다. 저작권 침해 행위가 아니라는 판단이었습니다. 하지만 그 판결 이유는 피고가 이전에 주장했던 부분과는 달랐습니다. 오히려 재판부는 저작권법 제35조를 이용한 피고의 항변을 부당하다고 배척했습니다. 그 근거로 저작권법 제35조 제2항 제4호를 이유로 들었는데요. 함께 내용을 읽어 볼까요?

제35조(미술저작물등의 전시 또는 복제) ②제1항 단서의 규정에 따른 개방된 장소에 항시 전시되어 있는 미술저작물 등은 어떠한 방법으로든지 이를 복제하여 이용할 수 있다. 다만, 다음 각 호의 어느 하나에 해당하는 경우에는 그러하지 아니하다.
4. 판매의 목적으로 복제하는 경우

재판부는 피고의 원고 건축저작물을 광고에 이용한 행위는 "판매의 목적으로 복제하는 경우"에 해당한다고 보았습니다. 가만, 지금 이 말은 판매의 목적으로 복제할 경우 자유롭게 이용할 수 없다는 '예외'에 해당하지 않나요? 그럼에도 대체, 왜 저작권 침해 행위가 아니라고 최종 판단한 걸까요?

☼ 마음껏 보세요, 하지만 함부로 찍지는 마세요

재판부는 광고에서 사용된 '벽면 그 자체'는 건축저작물성이 인정되기 어렵다고 보았습니다. 일반 상가나 레스토랑 건물의 벽면에서도 볼 수 있을 듯한 모습이라고 하면서, 광고에 사용된 부분은 독립적으로 저작물성이 인정되지 않는다고 판단했어요. 따라서 '창작성이 있는 부분을 실질적으로 복제한 것'이라고 볼 수는 없다고 했습니다.

즉, 광고의 배경은 해당 건축물의 일부에 불과하고 이를 통해 UV하우스의 전체적 디자인을 인지하기는 곤란하여 저작권이 인정되는 창작물을 복제한 것이라 보기 어렵다고 판단했습니다. (서울중앙지방법원 2007.9.12 선고 2006가단 208142 판결)

정리하자면 건축의 경우에도 창작성이 인정되는 저작물인 경우 저작권법의 보호를 받습니다. 그리고 이러한 건축저작물은 특성상 개방된 장소에 항시 전시되기에 사진을 찍거나 개인 SNS에 올리는 행위는 저작권법상 문제가 되지 않지요. 하지만 이러한 건축저작물의 사진을 영리적 목적으로 이용하면 문제가 됩니다. 사진엽서를 만든다거나 달력, 편지지. 책갈피나 키링 등을 제작하는 행위는 위법하기 때문에 저작권법에 의한 처벌을 받을 수 있습니다. 우리가 무심코 지나쳤던 건축물들, 그 속에도 저작권자의 노력과 권리가 살아 숨 쉬고 있습니다.

내가 보는 영화 리뷰,
저작권 괜찮을까?

 오늘의 질문

> 공부를 많이 하는 것도 아닌데, 영화 볼 시간이 없네요. 영
> 화 요약해 주는 유튜브라도 간간이 보면서 갈증을 풀고 있
> 어요. 즐겨 보는 유튜버가 있는데 저작권 관련한 일이 생겨
> 서 잠시 채널을 닫는대요. 법적 문제가 생긴 걸까요?

저는 영화 보는 걸 좋아하는 편입니다. 예전엔 지금처
럼 영화표가 많이 비싸지 않아서 친구를 만나서 딱히 할 일
이 없거나 하면 "그냥 영화나 한 편 볼까?" 어슬렁어슬렁 극
장에 가기도 했습니다.

하지만 최근에는 영화 관람 비용이 높아지면서 이전만
큼 영화를 보겠다는 마음이 선뜻 들지 않습니다. 이왕이면

'가성비'를 생각하게 되어서 미리 어떤 내용인지 찾아보고 리뷰도 읽고 나서 극장을 찾게 됩니다. 또, 그냥 취미 삼아 유튜브로 영화 리뷰를 찾아보는 일도 늘었습니다. 영화 한 편을 다 보려면 아무래도 긴 시간이 필요하니까, 줄거리 요약만 봐도 어떤 내용인지 대강 감이 오더라고요.

영화나 드라마를 리뷰하는 채널을 보면 조회수도 전반적으로 잘 나오기 때문에 서로가 앞다투어 리뷰 영상을 만드는 듯해요. 이렇게 전체 길이의 영화를 짧게 축약하고, 공중에 송신을 해도 문제없는 걸까요?

∴ 교묘하게 법을 피해 가는 야무진 수법들

혹시 여러분, 최근 SNS에서 화면이 좌우 반전되었거나 변조된 목소리, 기울어진 화면으로 나오는 예능이나 드라마 영상을 본 적 있나요? 페이스북만 들어가더라도 이러한 영상들을 어렵지 않게 자주 접할 수 있습니다. 화면이 정상적으로 보이지 않는데, 이 영상들은 업로드하면서 발생한 단순 오류일까요?

오류가 아니라, 의도된 것입니다. 이는 모두 저작권 침해를 피하기 위한 편법으로 요즘 흔하게 사용되는 방식입니다. 이렇게 영상을 올리는 사람들은 '짧은 시간 사용하는 것은 괜찮다.' '음성을 변조하거나 아예 소리를 제거하면 된다.' '영상의 크기 조절, 반전, 속도 조절을 하면 괜찮다.' 등등 저작권 침해를 피해갈 수 있는 방법이 많다고 말합니다. 오리지널 영상을 그대로 사용하지만 않으면 괜찮다는 생각인 것인데요. 정말로 그럴까요?

이러한 수법은 유튜브 등 SNS의 저작권 침해 알고리즘을 피해 가기 위한 편법일 뿐 저작권 침해 사실은 변함이 없습니다. 이러한 영상들은 저작권 중에서 '동일성유지권'을 침해했다고 볼 수 있습니다.

동일성유지권이란, 저작권의 한 형태로 저작물을 원형 그대로 유지하도록 한 권리를 얘기합니다. 원저작자의 동의 없이는 저작물에 대한 수정 불가능함을 의미하지요. 이러한 권리는 저작권법 제13조에서도 보장하고 있습니다.

제13조(동일성유지권) ① 저작자는 그의 저작물의 내용·형식 및 제호의 동일성을 유지할 권리를 가진다.

원저작자의 영상을 마음대로 축약한다거나 특정 부분만을 추출하여 짜깁기하는 것은 엄연히 원저작자의 동일성유지권을 침해하는 위법 행위입니다. 그렇다면 우리가 흔히 아는 영화 리뷰 크리에이터들 모두가 저작권을 침해하고 있는 걸까요?

⋰ 정당하고 바른 방법으로, 제대로 소통하기

꼭 그렇지는 않습니다. 구독자가 많은 리뷰 유튜버들의 경우에는 저작권자를 통해 정당한 라이선스를 얻어 작업을 하고 있습니다. 여기서 저작권자라 함은, 오리지널 영상을 제작한 개인 혹은 제작사가 될 수 있고 배포사가 될 수도 있습니다.

최근에는 SNS 내 짧게 요약된 '숏츠' 영상을 보고 역으로 원작 자체에 관심을 갖게 되는 경우도 생겨나는데요. 투자사나 원저작자가 홍보적 면에서 이를 긍정적으로 여기기도 합니다. 따라서 이 경우에는 크리에이터들에게 저작물 사용의 권리를 부여하고 자유로이 활용할 수 있게끔 합니다.

더불어 모든 영상들의 라이선스를 구매하거나 허락을 받아야만 하는 것은 아닙니다. 만일 '공정이용'과 '정당한 인용'으로 인정되면 사전에 별도로 저작권자의 허락을 맡지 않았더라도 면책될 수 있습니다. 공정이용은 앞서 '필사한 문장에 관한 저작권' 이야기를 나눌 때도 언급했던 부분인데 기억하나요? 일정한 경우에 따라 저작물의 자유이용을 인정한다고 했었지요. '정당한 인용'은 보도·비평·교육·연구 등의 목적으로 인용하는 것은 저작권 침해가 아니라고 보는 개념입니다. 각각 법 조항을 확인해 보겠습니다.

저작권법 제35조의5 (저작물의 공정한 이용) 저작물의 통상적인 이용 방법과 충돌하지 아니하고 저작자의 정당한 이익을 부당하게 해치지 아니하는 경우에는 저작물을 이용할 수 있다.

제28조(공표된 저작물의 인용) 공표된 저작물은 보도·비평·교육·연구 등을 위하여는 정당한 범위 안에서 공정한 관행에 합치되게 이를 인용할 수 있다.

이 두 조항이 적용되기 위해서는 인용의 목적, 저작물의 성질, 인용된 내용과 분량, 피인용 저작물을 수록한 방법과 형태, 독자의 일반적 관념, 원저작물에 대한 수요를 대체하는지 등을 종합적으로 고려하여 판단해야 합니다. 이러한 판단은 인용자가 판단할 수 있는 것이 아니라 법원의 영역입니다. 따라서 가급적이면 사전에 저작권자로부터 허락을 받고 사용하는 것이 최선의 방법일 테지요.

내가 따라 추는 춤,
저작권 괜찮을까?

이번 연말엔 특별한 이벤트를 마련할 거예요! 댄스 공연을
하려고요. 유튜브에 찾아보니 커버댄스 영상이 정말 많더
라고요! 안무가들이 엄청 고심해서 짠 걸 텐데, 커버댄스를
추고 개인 채널에 올려도 문제없나요?

몇 해 전, 대한민국을 들썩들썩 춤추게 한 텔레비전 예
능 프로그램이 있었습니다. 프로그램은 몰라도 '헤이마
마'(Hey mama)라는 노래는 다들 들어 봤을 거라 생각합니다.
유튜브 숏츠, 인스타 릴스, 틱톡까지 헤이마마 커버댄스가
없는 곳이 없었지요. 일반인부터 유명 연예인까지, 한 번쯤
은 이 춤을 따라 추거나 영상을 찍어 SNS에 올리기도 했습

니다.

이렇게 타인이 만든 안무를 자유롭게 따라 추고 영상을 올려도 저작권엔 문제가 없을까요? 또는 이러한 안무를 학원에서 수강생들에게 가르쳐도 될까요?

∴ 댄스 열풍과 저작권은 어떤 관련이 있을까

K-POP이 전 세계로 뻗어 나가는 지금, K-POP 안무를 따라 하는 커버댄스 영상이 국내뿐 아니라 해외에도 무척 많습니다. 한 영상에서는 외국 길거리에서 K-POP이 흘러나오자 단체로 노래에 맞춰 춤추는 장면도 볼 수 있었어요.

유명 가수의 커버댄스 영상이 5천만에 육박하는 조회수를 기록하기도 하고, 최근에는 노래마다 포인트 안무를 두어서 노래를 홍보하는 수단으로 적극 활용되기도 합니다. 이를 뒷받침하듯이 온라인의 여러 플랫폼에서 댄스 챌린지 영상을 쉽게 찾아볼 수 있는데요. 문득, 이렇게 따라 추는 춤에도 저작권이 있을지 궁금해지지 않나요?

저작권법 제4조(저작물의 예시) 제1항 이 법에서 말하는 저작저작권법에 따르면 무용(안무)에 대해서도 그 저작권을 인정하고 있습니다. 즉, 안무 또한 저작물로 인정받을 수 있는 창작물이라는 것이지요. 그렇기에, 원칙적으로 안무가가 만든 안무를 이용하기 위해서는 안무가에게 허가를 받아야 합니다. 만약 영리를 목적으로 하는 댄스 학원에서 다른 사람의 안무를 그대로 베껴 수업하고 강습료를 징수한다면 이는 저작권법 위반의 소지가 있을 수 있습니다.

실제로 2011년, 한 학원에서 K-POP 안무 교습 영상을 인터넷에 올렸다가 안무가에게 4백만 원을 배상하라는 판결이 나온 적이 있습니다. 당시 있었던 일을 다시 제대로 살펴보겠습니다.

해당 학원은 자신들의 행위가 저작권 침해가 되지는 않는 범위 내에서 이용한 '공정이용'이라고 주장했습니다. 하지만 재판부는 학원의 교습 행위는 영리적 목적의 이용이기 때문에 공정이용에 해당하지 않는다고 봤습니다. 또한 수강생들에게 안무를 교습하고 이를 녹화해 온라인 공간에 게시한 것은 저작권자의 성명표시권과 공영권 및 복제권·전송

권을 침해했다고 판단했습니다. (서울고등법원 2012. 10. 24. 선고 2011나104668 판결)

위 판례를 보았을 때, 커버댄스 영상도 마찬가지로 영리를 목적으로 SNS에 게시하는 것이라 판단될 경우 저작권 침해의 소지가 있습니다.

그렇다면 모든 춤이 다 저작물로 인정되는 걸까요? 이에 대한 답은 '아니다'입니다. 저작물로 인정받기 위한 창작물은 '독창성'이 인정되어야 합니다. 이전에 있던 것을 베낀 것이 아니고, 누구나 통상 생각할 수 있는 아이디어가 아니어야 하지요.

즉, 단순히 알려진 동작만으로는 저작물이라 보기 어렵고 창조적으로 변형되거나 곡 흐름에 맞게 배열되어야 합니다. 기존의 춤에서 볼 수 있는 동작이 있더라도 신체 동작이 창조적으로 조합되고 배열되어 하나의 작품으로 안무가의 사상이나 감정을 표현했다면 창조적 저작물로 인정받을 수 있습니다.

◌ 춤의 창작성은 어떻게 인정받고 보호받을까

하지만 여전히, 춤을 저작물로 인정받기 위한 창작성의 기준이 여러모로 모호합니다. 안무의 저작권을 인정받기 위해서는 춤의 한 동작 한 동작에 대한 저작권 등록이 필요합니다. 춤은 인간의 몸으로 만들어지는 것이기에, 다양성과 창작성에 한계가 있을 수밖에 없고요. 유사한 동작에서 일부 포인트만 조금 달리하는 경우가 대다수입니다.

상황이 그렇다 보니 이 춤이 저 춤 같고, 조금씩 달라도 다 비슷해 보이기도 해서, 확연한 차이가 있는 동작이 아닌 이상 안무 저작권의 침해가 발생했다고 보기 어렵습니다. 이러한 흐름에 맞추어 최근에는 AI 기술을 도입하여 안무의 유사도를 수치화 하는 프로그램을 도입하기도 했어요. 이를 통해 더욱 정확하고 과학적인 방법으로 안무 저작물을 구분할 수 있을 듯합니다.

커버댄스는 K-POP 시장의 성장을 이끌어 낸 주요 요소 중 하나입니다. 일부 안무가나 소속사도 커버댄스 영상으로 인한 '홍보 효과'를 인지하고 있기에, 현실적으로 명확한 규제를 하기 어려운 부분도 하나둘 생겨납니다. 그렇다고 해서 개인이 어렵게 고민하여 창작해 낸 춤이 아무렇게나 이용된다면 창작자 입장에서는 속이 상할 거예요. 제대로 된 보상을 받지 못한다고 생각할 수 있고 안무 창작의 의지가 사라지는 악영향이 일어날지도 모릅니다.

쉽게 따라 추는 춤이 탄생하기까지에는 창작자의 숱한 노력과 시간이 필요합니다. 수많은 안무와 겹치지 않기 위해서, 노래를 더욱 돋보이게 하기 위해서, 감히 짐작할 수 없을 엄청난 고민의 과정을 겪는다고 합니다. 그러므로 커버 댄스 영상을 올릴 때는 해당 안무를 만든 창작자의 이름을 넣어 주는 것이 바람직하겠지요.

유명한 사진으로 꾸민
SNS 프로필, 저작권 괜찮을까?

 오늘의 질문

제 셀카를 프사에 올리기엔 좀 부담스럽고 민망해서, 좋아
하는 캐릭터나 연예인으로 프로필을 설정해요. 근데 반 친
구가, 아이돌은 셀카 관리를 해 주는 팀이 따로 있어서 이렇
게 막 갖다 쓰면 안 된다고 하는데 정말인가요?

　여러분은 잘 나온 사진이 있으면 어떻게 하나요? 온라
인상의 프로필 이미지로 설정하나요? 꼭 본인이 아니더라
도 좋아하는 영화의 한 장면이나 최애 캐릭터, 연예인 등을
프로필 사진으로 꾸미기도 합니다. 이러한 사진을 자유롭게
저장하고 다른 사람이 볼 수 있게 게시해도, 저작권상 아무
런 문제가 없을까요?

∴ 잘 몰라서, 특별한 의도가 없었을지라도

타인의 저작물을 사용할 때, 비영리적이고 개인이 사용하는 경우에는 저작권에서 자유롭다고 생각합니다. 앞서 우리가 지식재산권을 알아 가면서 나눈 이야기 또한 그러하고요. 하지만 좀 더 예민하게 들여다보면 '그렇지 않은' 상황이 있습니다. 저작권법 규정을 엄격하게 해석하고 적용하면, 이미 존재하는 타인의 저작물을 사용할 때 저작권자의 허락없이 무단으로 이용하는 경우 모두 다 저작권 침해 행위라고 볼 수 있습니다.

제46조(저작물의 이용허락) ①저작재산권자는 다른 사람에게 그 저작물의 이용을 허락할 수 있다. ②제1항의 규정에 따라 허락을 받은 자는 허락받은 이용 방법 및 조건의 범위 안에서 그 저작물을 이용할 수 있다.

그러나 매번 모든 저작물에 대해 저작권자의 허락을 받고 나서 게시하는 건 현실적으로 많은 어려움이 따를 테지요.

저작권법은 제1조 목적에서 "저작물의 공정한 이용을

도모함으로써 문화 및 관련 산업의 향상발전에 이바지함을 목적으로 한다."라고 말하고 있습니다. 이러한 발전을 위해 저작권법은 저작권자의 허락 없이 저작물을 이용해도 저작권 침해에 해당하는 않는 예외사항을 두고 있습니다. 대표적 조항으로 저작권법 제28조, 동법 제30조, 동법 제35조의 5와 같은 규정들이 있습니다. 어떠한 내용인지 함께 읽어 보도록 하지요.

제28조(공표된 저작물의 인용) 공표된 저작물은 보도·비평·교육·연구 등을 위하여는 정당한 범위 안에서 공정한 관행에 합치되게 이를 인용할 수 있다.

제30조(사적이용을 위한 복제) 공표된 저작물을 영리를 목적으로 하지 아니하고 개인적으로 이용하거나 가정 및 이에 준하는 한정된 범위 안에서 이용하는 경우에는 그 이용자는 이를 복제할 수 있다. 다만, 공중의 사용에 제공하기 위하여 설치된 복사기기, 스캐너, 사진기 등 문화체육관광부령으로 정하는 복제기기에 의한 복제는 그러하지 아니하다.

제35조의5(저작물의 공정한 이용) ① 제23조부터 제35조의4까지, 제101조의3부터 제101조의5까지의 경우 외에 저작물의 통상적인 이용 방법과 충돌하지 아니하고 저

작자의 정당한 이익을 부당하게 해치지 아니하는 경우
에는 저작물을 이용할 수 있다.

이 중에서 가장 많은 사람들이 자유롭게 이용할 수 있
다고 생각하는 법적 근거는 저작권법 제30조의 내용일 겁
니다. SNS 프로필은 개인적인 이용에 불과하고, 이러한 사
적 범위 내에서는 복제가 전혀 문제가 되지 않는다고 여기
게 되니까요.

하지만 불특정 다수에게 공개되는 매체를 통해 저작물
을 이용하는 것은 사실 개인적 이용 혹은 가정 및 이에 준하
는 한정된 범위에 해당한다고 보기 어렵습니다. SNS만 해
도, '비공개'로 제한을 두지 않는 이상 누구나 볼 수 있는 공
개된 공간입니다. 누구든지 내가 공유하는 사진에 쉽게 접
근할 수 있어요. 따라서 영리적 목적을 가지지 않고 사진을
게시했더라도 또 다른 요건인 '사적인 범위 안에서의 이용'
에 해당되지 않아 저작권을 침해한다고 볼 가능성도 있는
겁니다.

앞서 다루었던 내용 가운데, 책 속 문장을 발췌하여 가
져오는 상황을 살펴보았을 때도 마찬가지 맥락이었지요. 원
칙적으로는 사용의 허락을 맡아야겠으나 공표된 자료에서

일부 발췌하는 것이라면 위에서 살펴본 저작권법 제28조를 적용받기에 저작물 사용 동의를 받지 않아도 된다고 보았습니다.

그럼에도, 인용의 범주는 모호한 부분이 많게 마련입니다. 법원은 이러한 인용의 적법 여부를 결정할 때 "정당한 범위에서 공정한 관행에 합치되게 인용했는지의 판단은 인용의 목적, 저작물의 성질, 인용된 내용과 분량, 피인용저작물을 수록한 방법과 형태, 독자의 일반적인 관념, 원저작물에 대한 수요를 대체하는지 여부 등을 종합적으로 고려한다."라고 말했습니다. 알수록 쉬운 느낌도 들고, 반대로 더 복잡한 느낌도 들지요?

∴ 기본에서부터 출발하자

제가 책을 통해 반복하여 강조하는 이야기, 이제 다들 알지요? 모든 저작물에 있어 항상 출처를 표기하는 습관입니다. 타인의 저작물 사용 시 허락을 받을 수 있는 상황이라면 허락받고 사용해야 해요. 출처 표기는 저작권법 제37조에 나와 있듯 정당한 인용 범주에 해당하더라도 그 출처를 명시해야 한다고 규정하고 있습니다.

제37조(출처의 명시) ①이 관에 따라 저작물을 이용하는 자는 그 출처를 명시하여야 한다. 다만, 제26조, 제29조부터 제32조까지, 제34조 및 제35조의2부터 제35조의4까지의 경우에는 그러하지 아니하다.

평소 프로필 사진에 유명한 캐릭터나 연예인 이미지를 올렸다고 해서 제재를 받는 일은 거의 없을 겁니다. 많이들 그렇게 쓰고 있고 특별히 문제제기를 하는 경우도 없으니까요. 그러다 보니 이런 행위들이 저작권법상 문제가 없다고 오해하기 쉽습니다.

사실은 문제가 아닌 것이 아니에요. 다만 많은 권리자가 저작권 침해 사실을 일일이 파악하기란 불가능하고, 경우에 따라서는 홍보 등의 이유로 그냥 방치하기도 합니다. 주변 사람들로부터 괜한 일로 까다롭고 예민하게 군다는 오해를 받을지도 모르겠으나 타인의 창작물에 대해 올바른 방법으로 사용하는 습관은 전혀 나쁠 것이 없습니다.

2
꼬리에 꼬리를 무는 IP 이야기

☑ 시험 때 족보를 사고파는 것도 위법인가요?

☑ '차별성'과 '유사성'은 원저작권자가 판단하나요?

☑ 동일성유지권은 어떤 경우 적용되나요?

☑ 사용 허락을 받은 이후에도 문제가 생길 경우 어디에 호
   소하면 될까요?

☑ 법적인 부분에 있어, 구제 사유는 전혀 없는 것인가요?

시험 때마다 돌고 도는
족보의 저작권은?

 오늘의질문

학년이 바뀌고 첫 중간고사가 다가와요. 학교에 대대로 내려오는 족보가 있다고 해서, 좀 구할 수 있을까 싶었는데 치사하게 친구가 절대 공유를 안 해 주는 거예요. 저작권 때문에 신고당할 수 있다나요?

여러분, 벚꽃의 꽃말이 농담 삼아 뭔지 아나요? 바로, '중간고사'입니다. 중간고사가 끝나고 나면 금세 봄이 지나고 어느새 기말고사가 다가와 있습니다. 어떻게 공부해야 성적이 오를지 고민하다 혹시나 싶어 들어가 본 학교 게시판에 '족보를 팝니다'라는 글이 올라와 있네요. 요동치는 심장을 달래고, 거래를 할지 말지 고민에 휩싸이는데요……! 그런데, 이렇게 족보를 사고팔아도 전혀 문제가 없을까요?

∴ 단지 공부를 했을 뿐인데, 위법?

새 학기가 시작될 때마다 우리는 늘 같은 다짐을 합니다. "이번 학기는 진짜 벼락치기 안 하고 미리미리 공부할 거야!" 하지만 그 약속은 물거품처럼 한순간 사라지기 십상입니다. 그러다 '족보'라는 말을 들으면 은밀한 마법의 주문처럼 느껴지지요. 심지어 족보를 사고팔 때면 하면 안 되는 행동인 듯 비밀리에 조심스럽게 거래를 합니다. 왜 그런 걸까요?

아마 대부분 아실 테지만 혹시라도 모르는 이들을 위해 족보가 어떤 의미로 쓰이는지 알아볼게요. 이전 해의 시험 문제가 담긴 서면이나 파일을 우리는 '족보'라고 부릅니다. 대학의 경우 교수들이 이전 년도와 비슷한 유형의 시험을 출제하거나 아예 똑같이 내는 경우가 빈번하기에 시험 족보의 중요성이 더욱 큽니다. 족보를 사고파는 게 위법인지 아닌지 알기 위해서는 족보가 저작물로 인정받는지의 여부부터 확인해야겠지요?

실제로, 고등학교 시험 문제를 두고 저작권 소송이 있었습니다. 한 고등학교의 시험 문제를 무단으로 올린 인터넷 사이트에 '저작권 침해'가 인정되면서, 우리나라 법원은 시험 문제나 모의고사 문제를 저작물로 받아들인다는 것을 확인할 수 있었습니다.

"고등학교 교사들이 소속 학교 학생들의 학업수행 정도의 측정 및 내신성적을 산출하기 위하여 남의 것을 베끼지 아니하고 출제한 시험 문제의 질문의 표현이나 제시된 답안의 표현에 최소한도의 창작성이 있는 경우, 그 시험 문제가 저작권법상의 저작물에 해당한다."고 보고, 무단으로 시험 문제를 업로드한 인터넷 사이트는 저작권을 침해한 것이라며, 인터넷 사이트의 손해배상책임을 인정했던 사례입니다.

(서울중앙지방법원 2006. 10. 18. 선고 2005가합73377 판결 참조)

또 다른 일도 있었습니다. 공무원 B씨가 모의고사 문제지와 해설지를 게시판에 올려 회원들이 볼 수 있도록 하였는데, 이에 대해 재판부는 "저작재산권자의 복제권과 전송권을 침해한 행위"로 판단했습니다.

뿐만 아니라 대법원 판결에서도 "시험 문제, 입시 문제가 교과서나 참고서 기타 교재의 일정한 부분을 발췌하거나 변형하여 구성된 측면이 있다고 하더라도, 출제위원들의 정신적인 노력과 고심 끝에 남의 것을 베끼지 아니하고 문제를 출제하였고 출제자의 창작성이 인정된다면, 이를 저작권법에 의하여 보호되는 저작물로 보는 데 아무런 지장이 없다."고 판결했습니다.

☼ 시험 문제에도 창작성이 적용될 수 있다

즉, 시험 문제의 경우 조금이라도 창작성이 있다고 여겨진다면 저작물의 인정 요건인 '창작성'이 충족된다고 본 것이지요.

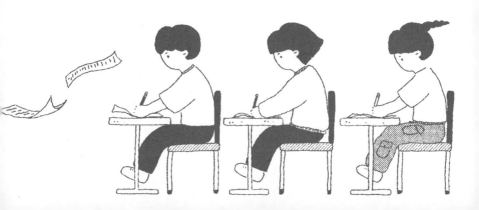

시험 문제가 그대로 담긴 족보는 기본적으로 저작권자인 교수나 교사에게 이용 허락을 받지 않고 만들어지는 것이 대다수입니다. 따라서 원작자의 허가 없이 타인의 저작물을 이용하는 저작권법 위반 행위입니다.

하지만 저작권법 제1조와 저작권법 제30조에 따르면 '저작물의 공정한 이용을 도모함으로써 문화 및 관련 산업의 향상 발전에 이바지함'을 목적으로 하거나 '영리를 목적으로 하지 아니하고 개인적으로 사용하는 경우' 이를 복제할 수 있다고 명시하고 있습니다.

다시 말해 비영리 목적으로 개인적인 공부와 학습을 위해 이용하는 것이라면 저작권법에 위배되지 않는다고 볼 수 있습니다. 이와 반대로 영리 목적으로 판매를 하거나 비영리 목적이라도 다른 사람들이 보고 이용할 수 있는 공중에 게시 및 공유한다면 그것은 저작권 침해에 해당될 테고요. "뭐, 시험 문제야 많은 학생에게 공개되는 거잖아. 내가 가지고 있다가 다른 사람한데 공유해도 상관없는 거 아닌가?" 하는 안일한 생각은 저작권 침해로 가는 지름길입니다.

전공 책 스캔,
저작권 랜찮을까?

오늘의 질문

언니 말로는, 대학만 들어가면 편해질 줄 알았는데 그게 아니라서 현타 온대요. 대학에서도 계속 공부해야 되고 취업 준비도 해야 한다며 엄청 한숨을 쉬어요. 심지어 전공 책값이 무지 비싼데 복사나 스캔도 마음대로 못한다나요?

대학에서 전공 수업이나 교양 수업을 듣기 위해서는 관련한 서적을 구매해야 합니다. 대부분 전공 책 한 권 가격이 기본 4만 원을 웃돌다 보니 주머니 사정이 여유로울 수 없지요. 여러 개의 전공 수업을 들어야 하는 학생들 입장에서는 큰 경제적 부담으로 다가옵니다.

그렇다 보니 전공 책 한 권을 사서 스캔하여 파일로 만

든 후 친구들과 공유하는 경우가 종종 있습니다. 또, 금전적 문제가 아니더라도 최근에는 무거운 전공 책을 들고 다니는 대신 PDF 파일로 스캔하여 태블릿 PC로 전공 책을 보는 경우도 늘었습니다. 그런데, 학교 앞 제본소에 전공 제본을 부탁하면 그 출처를 날카롭게 묻거나 아예 제본 자체를 받아주지 않는 곳도 있습니다. 전공 책을 스캔하여 파일로 만들거나 제본하는 것이 위법이라서 그럴까요?

∴ 꺼진 불도 다시 보는, 저작권의 길

타인이 작성한 책은 엄연히 저작권법의 보호를 받는 저작물입니다. 그중에서도 책은 어문저작물에 해당한다고 앞서 배웠지요? 그렇기에 원작자의 동의 없이 복제하는 것은 저작권법 제16조에서 보장하고 있는 '복제권'을 침해합니다.

> 저작권법 제16조(복제권) 저작자는 그의 저작물을 복제할 권리를 가진다.

다만, 예외적으로 저작재산권 제한사유에 해당할 경우에는 침해가 성립되지 않습니다. 학생들이 가장 많이 책을 복사하고 복제하는 도서관 서적을 생각하면 이해가 수월할 듯합니다. 저작권법 제31조 내 제한사유에 해당될 시, 저작권자의 허락이 없더라도 저작물을 이용할 수 있거든요. 하지만 이러한 경우에도 동법 제31조 제1항 제1호, 제3호에 해당한다면 디지털 형태로 복제할 수 없으니 유의해야 합니다.

저작권법 제31조(도서관등에서의 복제 등) ① 「도서관법」에 따른 도서관과 도서·문서·기록 그 밖의 자료(이하 "도서등"이라 한다)를 공중의 이용에 제공하는 시설 중 대통령령으로 정하는 시설(해당 시설의 장을 포함한다. 이하 "도서관등"이라 한다)은 다음 각 호의 어느 하나에 해당하는 경우에는 그 도서관등에 보관된 도서등(제1호의 경우에는 제3항에 따라 해당 도서관등이 복제·전송받은 도서등을 포함한다)을 사용하여 저작물을 복제할 수 있다. 다만, 제1호 및 제3호의 경우에는 디지털 형태로 복제할 수 없다.

1. 조사·연구를 목적으로 하는 이용자의 요구에 따라 공표된 도서등의 일부분의 복제물을 1명당 1부에 한하여 제공하는 경우

2. 생략

3. 다른 도서관등의 요구에 따라 절판 그 밖에 이에 준하는 사유로 구하기 어려운 도서등의 복제물을 보존용으로 제공하는 경우

⠿ 공공장소의 기기를 사용하면 예외 없이 문제 발생?

흔히 타인의 저작물을 사용하는 것을 두고 "외부에 공유하지 않고 개인적으로 사용하는 건 상관없잖아?"라고 말합니다. 이는 반은 맞고 반은 틀린 말이에요. 지금까지 여러 사례를 통해 파악했듯 늘 예외 사항이 있기 때문입니다.

"영리를 목적으로 하지 아니하고, 개인적인 사용으로 한정된 범위 내에서 복제하는 경우"에는 저작권법 제30조를 근거로 저작권자의 허가 없이 복제할 수 있도록 허용하고 있습니다. 하지만 공공장소에 설치된 프린터기나 스캐너를 사용하는 것은 문제가 될 수 있습니다.

제30조(사적이용을 위한 복제) 공표된 저작물을 영리를 목적으로 하지 아니하고 개인적으로 이용하거나 가정 및 이

에 준하는 한정된 범위 안에서 이용하는 경우에는 그 이용자는 이를 복제할 수 있다. 다만, 공중의 사용에 제공하기 위하여 설치된 복사기기, 스캐너, 사진기 등 문화체육관광부령으로 정하는 복제기기에 의한 복제는 그러하지 아니하다.

개인적으로 이용하는 목적일지라도 불특정 다수가 사용하는 기계를 통해 복제하는 것은 불가능합니다. 공중의 사용에 제공하기 위하여 설치된 복사기기, 스캐너 등의 장비를 이용한 복제는 불법이라는 의미입니다.

최근 '셀프 북 스캔 업체'가 학교 앞에 늘어나고 있는데요. 대개 무인으로 운영되기에 학생들이 편하고 자유롭게 서적을 복사할 수 있습니다. 하지만 이러한 업체 또한 '공중의 사용에 제공하기 위하여 설치된 복사기기'로 판단되기 때문에 배포를 하지 않았더라도 이용하는 것만으로 복제권 침해의 문제가 발생합니다.

지난 2022년 저작권보호원이 발표한 「2022년 저작권보호 연차보고서」에 따르면 불법복제물 출판 콘텐츠 이용량은 2021년 기준 2만 2092개로 집계되었다고 해요. 전체 출판 콘텐츠 가운데 약 25%로 출판 콘텐츠 네 개 중 한 개가 불법 복제물인 셈이니, 적잖은 비중을 차지하는 현실입니다.

불법 복제는 완전히 근절되기 쉽지 않은 문제입니다. 학생들의 이용 특성을 반영하여, 대학에서 대대적으로 많은 전자책을 구입하는 등 적절한 대책안을 마련하는 방안이 필요해 보여요.

패러디는
저작권 침해 아닐까?

 오늘의 질문

제가 심심할 때마다 찾아보는 영상이 있는데, 한 코미디 프로그램의 패러디 콘텐츠예요. 유명한 드라마나 CF, 예능 프로그램의 유명한 장면들을 다시 보여 주는데 진짜 싱크로율 대박! 근데 이렇게 패러디하는 건 저작권 문제가 없나요?

"몇 개고? 밥알 말이다. 320개다." 이 대사, 한 번쯤 다들 들어 봤겠지요? 2022년 하반기에 크게 흥행한 드라마에 등장한 대사입니다. 이 대사가 유명해지면서 광고에 사용되기도 하고 여러 매체에서 이를 따라 하는 사람들이 많이 있었어요.

이렇듯 어떤 드라마나 영화 등의 콘텐츠가 인기를 끌면

그것을 패러디한 밈이나 유머, 광고 등이 우수수 생겨납니다. 하지만 타인의 콘텐츠 속 캐릭터들의 대사나 장면을 패러디하여 자신의 콘텐츠로 재생산하는 행위는 원저작물의 저작권을 침범하는 행위가 아닐까요? 궁금하지 않은가요?

⸫ 패러디는 하나의 창작인가, 모방의 확장인가

패러디의 사전적 의미는 '원저작물을 흉내 내어 익살스럽게 표현하는 기법이나 그러한 작품'을 일컫습니다. 기존에 있던 콘텐츠를 참고하여 만든 새로운 콘텐츠를 의미하지요. 이러한 패러디는 원저작물을 이용하여 그 내용에 일정한 목적을 갖고 변형을 가한 것이기에 원저작물에 대한 수정이나 변경이 필연적으로 수반됩니다.

그러다 보니 "패러디는 저작권법상 문제가 되지 않아." 라고 여겨질 수도 있을 텐데요. 이 문장 역시 면밀히 살펴야 합니다. 패러디도 타인의 원저작물을 기반으로 제작된다는 점에서 엄연한 2차 창작물의 성격을 띠고 있습니다. 그렇기에 원저작자의 허락이 없는 상태에서 원저작물을 이용하여 새로운 콘텐츠를 만드는 행위는 저작권을 침해하는 행위입니다. 하지만 창작성이 인정될 수 있는 세 가지 요건을 충족한다면 별도의 허가 없이 사용할 수 있습니다. 어떤 내용인지 함께 확인해 보겠습니다.

창작성이 인정되는 세 가지 요건
☑ 원작자를 떠올릴 수 있으면서 원작과 구별되는 차
별성
☑ 원작자에 대한 비평 또는 풍자가 있을 것
☑ 패러디가 원작의 시장 가치와 경제적 가치를 침해
해서는 안 될 것

이 세 가지가 충족되면 정당한 패러디라고 볼 수 있습니다. 즉, 저작권법 제28조와 제35조의5에 의거하여 보도, 비평, 교육, 연구 등을 위해 정당한 범위 안에서는 인용할 수 있다는 얘기가 됩니다.

제28조(공표된 저작물의 인용) 공표된 저작물은 보도·비평·교육·연구 등을 위하여는 정당한 범위 안에서 공정한 관행에 합치되게 이를 인용할 수 있다.
제35조의5(저작물의 공정한 이용) ① 제23조부터 제35조의4까지, 제101조의3부터 제101조의5까지의 경우 외에

저작물의 통상적인 이용 방법과 충돌하지 아니하고 저
작자의 정당한 이익을 부당하게 해치지 아니하는 경우
에는 저작물을 이용할 수 있다.

⠿ 패러디, 패러디 그 이상을 넘어

사실 우리나라 법원은 위와 같은 근거를 바탕으로 패러
디를 인정한 사례가 극히 드뭅니다. 우리는 패러디를 크게
두 종류로 구분하는데요. 원저작물 자체를 비평·조롱·풍자
하는 '직접 패러디'와 원저작물의 유명세를 이용해 웃음을
유발하거나 사회 현실 등에 대해 비평이나 풍자로 이용하는
'매개 패러디'가 그것이지요.

약 20년 전에 있었던 '컴배콤' 사건을 한번 살펴보겠습
니다. 컴배콤? 한글인지 영어인지 아리송한가요? 당시 서태
지와 아이들이라는, 1990년대를 휩쓴 아주 유명한 그룹이
있었어요. 이들의 노래 '컴백홈'을 개사하여 만든 패러디곡
이 '컴배콤'이었습니다. 음치 가수로 인지도를 쌓던 한 가수
는 '컴백홈'을 패러디한 '컴배콤'으로 공식 활동을 시작하고
뮤직비디오까지 공개했는데요. 이게 문제가 되었습니다. 애

초 원저작자인 서태지에게 승인 허락을 받지 않은 상황이기 때문입니다. 서태지는 저작인격권 침해로 소송을 제기했습니다.

당시 법원은 "패러디로서 보호되는 것은 해당 저작물에 대한 비평이나 풍자적인 것이지, 해당 저작물이 사회현실에 대한 것까지 패러디로 허용된다고 보기는 어렵다."며 '매개 패러디'는 공정한 이용이라고 볼 수 없다고 판시한 바 있습니다. (서울지방법원 2001. 11. 1. 선고 2001카합1837 결정)

그러나 최근 패러디물이 법적으로 인정된 사례가 있습니다. 패러디 영상을 주 콘텐츠로 하는 예능 프로그램 SNL이 SBS 방송사의 연애 프로그램이었던 <짝>을 패러디하면서 프로그램의 기본적 구성 요소를 그대로 차용하여 내용을 만들고 공연했습니다. 방송 이후 SBS는 이를 두고 문제를 제기했으나 법원은 저작권을 침해했다고 판단하지 않았습니다.

왜일까요? 두 프로그램 사이의 실질적 유사성이 떨어진다고 판단했기 때문입니다. 또한 두 프로그램의 장르가 코미디와 리얼리티 예능으로 각기 다르다는 점도 중요했습니다. 기본적 구성만 비슷할 뿐 SNL은 창작적 요소를 추가로 담아 영상물을 제작한 것이기에 차별성을 인정한 것이지요.

단순히 유사성 정도만을 보고, 패러디가 위법인지 아닌
지 판단하기에는 어려움이 있습니다. 그러면 어떠한 자세를
가져야 할지 이제 길게 말하지 않아도 감이 오지요? 패러디
등의 원저작물을 기반으로 한 창작물을 만들고 싶을 때는
원저작자의 허락을 받는 것이 우선되어야겠습니다.

야구 응원가에도
저작권이 있다고?

 오늘의 질문

> 겨울엔 배구, 가을엔 야구! 엄마랑 시즌마다 운동 경기를 보러 가요. 좋아하는 팀을 응원하며 노래 부르고 환호하다 보면 제가 운동한 것도 아닌데 땀이 뻘뻘 나요. 특히 응원가 멜로디가 익숙해서 정말 신나는데, 이런 패러디는 괜찮나요?

　　여러분이 가장 좋아하는 스포츠는 무엇인가요? 저는 야구를 좋아합니다. 야구장에 가면 치킨이 평소보다 더 맛있게 느껴지기도 하고요. 또 야구장 하면 빼놓을 수 없는 것이 바로 열띤 응원 아니겠어요? 응원하는 팀별로 옷을 맞춰 입고 구호에 맞추어 다 함께 응원을 합니다. 이때 각 선수별 혹은 구단별로 응원가를 부르면서 더욱 흥을 돋우지요.

야구장에 처음 가는 사람도 어렵지 않게 응원가를 흥얼거릴 수 있습니다. 그 이유는? 이미 유명한 기존 노래의 멜로디에 노랫말만 바꿔서 응원가가 만들어지기 때문입니다. 그렇기에 처음 응원가를 처음 불러 보는 사람도 익숙한 멜로디를 흥얼거릴 수 있고, 쉽게 따라 부르는데요. 이런 응원가를 만들 때 저작권자의 허락을 받고 만들었을까요?

☼ 모두가 한마음 되는 응원가에도 문제가 있다고?

2018년 봄 무렵, 야구장에서 선수들의 응원가가 사라진 적이 있었습니다. 까닭은, 응원가의 원곡에 해당하는 작곡가와 작사가 들이 구단을 상대로 소송을 제기했거든요. 이에 각 구단들은 응원가 사용을 중단했어야 했습니다.

그런데 간과하지 말아야 할 점이 있습니다. 구단 측은 이미 권리자에게 사용료를 납부하고 허락을 받은 상태였습니다. 대체 뭐가 문제였을까요?

작곡가와 작사가(이하 원고)는 구단을 상대로 '저작인격권'을 침해받았다고 소를 제기했습니다. 저작인격권에 대해 앞서 배웠는데, 가물가물한가요? 중요한 건 반복해서 알아가면 되니 다시 확인해 보지요. 저작인격권이란, 저작자가 자신의 저작물에 대하여 정신적, 인격적 이익을 추구할 수 있는 권리를 의미합니다. 저작인격권에는 공표권, 성명표시권, 동일성유지권 등 크게 세 가지가 있습니다.

원고들은 이 중에서 동일성유지권과 성명표시권의 침해를 주장했습니다.

동일성유지권은 저작자가 자신의 저작물에 대해 내용과 형식 및 제목의 동일성을 유지할 권리를 말합니다. 성명표시권은 저작자가 자신의 저작물에 대하여 실명이나 가명을 표시할 권리를 말하고요.

즉, 원고는 자신의 노래 사용은 허가했으나 악곡 또는 가사를 일부 변경, 편곡, 개사하는 것은 허락하지 않았으므로 동일성유지권을 침해했다고 주장했습니다. 또한 그 과정에서 원고들의 성명을 어디에도 표시하지도 않아 성명표시권이 침해되었다고 주장했습니다. 법원은 이에 대해 과연 어떻게 판단했을까요?

☼ 저작권을 이해하는 넓고 다양한 사례

먼저 1심 법원은 원고의 주장을 모두 기각했습니다. 음악저작물은 악곡, 가사 결합저작물의 관계이기 때문에 악곡과 가사를 구분하여 개별적 권리 침해 여부를 판단하였는데요. 악곡에 대한 기각 근거는 다음과 같았습니다.

① 음역대를 좀 높게 하거나 박자 템포를 좀 빠르게 변경한 것으로 음악 전문가가 아닌 야구장 관객들로서는 기존 악곡과의 차이를 알아채지 못할 정도로 일부분을 다르게 한 정도에 불과하여 음악저작물이 응원가로 사용되는 과정에 수반될 수 있는 통상적인 변경에 해당하고,

② 대중가요의 특성상 저작자로서는 어느 정도의 변경 내지 수정을 예상하거나 감내해야 할 상황이나 필요성이 있으며,

③ 응원가로 사용되는 원고들의 음악은 대중들에게 잘 알려진 유명한 곡들이어서 야구장 관객들 입장에서 응원가가 원곡 그 자체라고 오인할 가능성이 크지 않다.

따라서 1심 법원은 피고가 원고들의 동일성유지권을 침해하지 않는다고 판단했습니다. 가사에 대해서는 어땠을까요? 악곡과는 반대로 기존 가사를 전부 혹은 대부분 새로운 가사로 변경한 바, 실질적 유사성을 인정하기 어렵다고 판단했습니다. 기존 가사와 변경된 가사는 소재나 주제가 다

르므로 동일성유지권을 침해했다고 볼 수 없다는 것입니다.

성명표시권의 경우에는 야구장에서 원작자의 이름을 일일이 표시하는 것은 현실적으로 어려워 보이고, 특히 전광판은 경기 진행 상황을 안내하는 용도로 사용되기 때문에 성명표시권 침해의 예외 사유인 부득이한 경우에 해당한다고 보았습니다.

제12조(성명표시권) ② 다만, 저작물의 성질이나 그 이용의 목적 및 형태 등에 비추어 부득이하다고 인정되는 경우에는 그러하지 아니하다.

이러한 결정에 원고들은 항소했고, 이후 서울고등법원에서 일부 결과가 뒤바뀌었는데요. 2심에서는 어떠한 결과가 나왔을까요?

1심처럼 2심에서도 동일성유지권 침해를 인정하지는 않는다고 판단했습니다. 하지만 원고들의 성명표시권은 침해되었다고 인정했습니다. 서울고등법원이 성명표시권의 침해를 인정한 근거로, 전광판을 통해 응원가를 부르는 상황 혹은 경기가 종료된 후에 응원가 저작자의 성명을 열거하는 것이 가능하나 이를 행하지 않은 것으로 보았습니다.

또 구단이 운영하는 홈페이지나 유튜브 채널에서 응원가 영상을 제공하면서도 원작자의 성명을 표시하지 않은 부분을 문제 삼았습니다. 이후 구단 측은 전광판에 응원가의 노래가 끝나면 영상에 저작자의 성명을 표시하기로 했습니다.

모두가 즐기며 따라 부르는 응원가에도 이처럼 여러 저작권 문제가 얽혀 있습니다. 원저작자와 구단과 저작물 관리자는 사전에 적절한 합의를 거쳐야 하겠지요. 선수와 팬, 원저작자 모두에게 피해를 주지 않는 올바른 응원 문화를 응원합니다.

디자인권
판단 기준이란?

 오늘의 질문

기능상 편한 건 S사 휴대폰이었지만 무조건 A사 휴대폰을 쓰고 있어요. 디자인이 제 취향이거든요. 로고부터 뭔가 심플하고 세련된 그 느낌이 좋더라고요. 그러고 보니 디자인이야말로 법적 보호가 진짜 중요하겠네요?

물건을 고를 때, 여러분은 어떤 점을 가장 중요하게 여기나요? 실용성? 가격? 디자인? 유행? 선택의 여러 요소가 있을 텐데요. 우선적으로 눈에 들어오는 건 '디자인'입니다. 아무리 가격이 저렴해도 디자인이 마음에 들지 않으면 선뜻 구입하기가 망설여지기도 합니다.

때로는 독특한 디자인을 통해 특정 브랜드의 정체성이

드러나기도 합니다. 애플사의 로고 디자인처럼, 디자인이 곧 브랜드의 모든 것이라 여겨지기도 해요. 그런데 이런 디자인에 대해 독점적 권리를 가지는 것이 가능할까요? 가능하다면 어떠한 방법으로 보호되는 걸까요? 책의 마지막 챕터에서는 어쩌면 일상생활에서 너무 익숙하여 너무 몰랐던 디자인에 관한 이야기를 나눠 보고자 합니다.

⸬ 디자인에 관해 우리가 알지 못했던 것들

디자인이란 '물품의 형상·모양·색채 또는 이들을 결합한 것으로 시각을 통해 미감을 일으키게 하는 것'을 말합니다. 디자인은 특허청이 소관하고 있는 '디자인보호법'의 적용을 받습니다. 디자인보호법은 디자인의 보호와 이용을 도모함으로써 디자인의 창작을 장려하여 산업발전에 이바지함을 목적으로 하고 있어요. 쉽게 말해서 디자인의 대상은 물품, 물품의 부분, 글자체 및 화상이 있습니다.

잠깐, 여기서 말하는 디자인의 대상이 되는 '물품'은 무엇을 의미할까요? 독립거래가 가능한 구체적인 물품으로서 유체동산을 이야기하는 것인데요. 이에 관해 좀 더 설명해 보겠습니다.

디자인으로 인정받기 위해서는 물품성, 형태성, 시각성, 심미성을 갖추어야 합니다. 이들 중 하나라도 갖추지 못한 경우에는 디자인보호법에서 정의하고 있는 '디자인'에 맞지 않는다고 여겨져 디자인권을 얻을 수 없게 됩니다.

디자인으로 인정받기 위한 자격조건
☑ 물품성: 유채물, 정형적 형태, 동산
☑ 형태성: 형상, 모양, 색채
☑ 시각성
☑ 심미성

자격요건 중 물품성부터 알아볼까요? 물품성이란 디자인권을 얻기 위해 필수적으로 수반되어야 하는 요소입니다. 디자인보호법의 대상이 되는 디자인으로 성립하기 위해서는 추상적 모티브 혹은 형태만으로 부족합니다. 특정 물품에 창작 내용이 포함되어 있어야 하거든요. 물품성은 세 가지 요소를 만족하여야 합니다.

첫 번째는, 위에서 말했듯 '유체물'이어야 합니다. 유체물이란 일정한 형제가 있는 것을 말합니다. 기체, 액체, 전기,

음향의 경우에는 일정한 형체가 없다고 판단되는 무체물이
기에 디자인의 등록 대상이 될 수 없습니다.

두 번째는, 디자인의 대상이 될 수 있는 물품은 일정한
정형적 형태를 유지해야 합니다. 시멘트, 소금 등 하나의 형
태로 고정할 수 없는 물건에 대해서도 디자인 등록이 어렵
습니다.

세 번째로는, 디자인의 대상이 될 수 있는 물품은 동산
이어야 합니다. 건물, 땅과 같은 부동산은 원칙적으로 디자
인 등록의 대상이 될 수 없어요. 다만 이 경우에도 예외는 있
습니다. 토지에 고정되어 부동산이 되는 것이라도, 공업적
으로 양산되고 운반이 가능하여 유통 과정에서 동산으로 취
급이 될 수 있는 것들에 대해서는 물품으로 인정받을 수 있
는 것이지요. 대표적인 예로, 방갈로, 공중전화박스, 조립 가
옥 등이 있습니다.

다음으로 디자인으로 인정받기 위한 자격요건인 형태
성을 살펴보겠습니다. 형태성은 물품의 공간을 점하고 있는
윤곽을 말합니다. 디자인권의 등록대상이 되는 것 중 글자체
및 화상을 제외하고 모든 디자인은 형상을 수반해야 합니다.

이러한 형태성의 요서는 형상·모양·색채가 있습니다.
즉, 글자체 및 화상을 제외하고 형상이 결합되지 않은 것은
디자인으로서 등록이 불가능합니다. 쉽게 말하자면 초록색,

보라색과 같은 색채만의 디자인이나 모양과의 결합 디자인은 인정되지 않아요.

물품성과 형태성을 배웠으니 디자인으로 인정받기 위한 또 다른 자격요건인 시각성도 확인해야겠지요? 시각성은 시각을 통해 육안으로 식별할 수 있어야 함을 의미합니다. 시각성이 인정되지 않는 대상은 네 종류가 있습니다.

1) 시각 외의 감각을 주로 하여 파악되는 것
2) 분상물(가루와 같은 상태. 예) 밀가루) 또는 입상물(입자가 상호 작용할 때마다 에너지가 손실되는 것이 특징인 분리된 고체. 예) 모래, 쌀)의 하나의 단위
3) 외부에서 볼 수 없는 곳. 즉, 분해하거나 파괴하여야 볼 수 있는 곳. (뚜껑을 여는 등의 행위만으로 내부를 볼 수 있는 경우에는 그 내부도 디자인의 대상이 될 수 있음.)
4) 확대경 등에 의해 확대하여야 물품의 형상 등이 파악되는 것

마지막으로, 디자인으로 인정받기 위한 자격요건은 심미성입니다. 심미성이란 디자인으로부터 미감을 일으키게 하는 것을 말하는데요. 해당 물품으로부터 아름다움을 느낄 수 있을 정도의 형태적 처리가 되어 있는 것을 말합니다.

만약 기능·작용·효과를 주된 목적으로 한 것으로 미감을 거의 일으키게 하지 않거나 디자인상 짜임새가 없고 조잡감만 느끼게 하여 미감을 거의 일으키게 하지 않는다면, 이는 심미감이 없다고 판단되어 디자인으로 등록될 수 없습니다. 즉, 의미 없이 낙서해 놓은 것에 디자인권을 부여할 수는 없다는 이야기입니다.

⁚⁚ 디자인 인정!
이후 특허청에 디자인권을 등록하는 세 가지 요건

자, 디자인으로 인정받기 위한 네 가지 요건을 알아보았습니다. 쉽지 않은 절차라고 느껴지지요? 여기서 끝이 아닙니다. 하나의 관문이 더 남았습니다. 바로, 특허청에 디자인 등록을 하는 과정인데요. 이때 등록을 위한 세 가지 요건이 추가로 필요하답니다.

디자인권을 등록하는 세 가지 요건

☑ 공업상 이용 가능성   ☑ 신규성   ☑ 창작성

첫째는, 공업상 이용 가능성입니다. 디자인권의 경우 물품이 필수적으로 동반되어 등록되어야 하기 때문에 만일 해당 물품과 동일한 물품으로 공업상 제작 또는 양산이 불가능 경우에는 디자인 등록을 할 수 없게 됩니다.

둘째는, 신규성입니다. 이는 지식재산권의 기본적인 원리 중 하나로 이미 공중에 공개되어 사람들이 자유롭게 이용할 수 있는 디자인의 경우에는 디자인 등록이 불가능함을 의미합니다.

셋째는, 창작성입니다. 이는 디자인의 신규성이 인정되는 경우에도 그 디자인이 속하는 분야에서 통상의 지식을 가진 사람이 국내 또는 국외에서 공지 또는 공용된 디자인을 기초로 쉽게 창작할 수 있는 디자인은 등록받을 수 없습니다. 이러한 사항은 디자인의 창작을 장려하는 디자인보호법의 목적과 맞지 않는다고 볼 수 있기에 디자인보호법 제33조 제2항에서 관련 규정을 두어 일정 수준 이상의 창작성이 인정되는 디자인 개발을 유도하고 있습니다.

디자인으로 인정되고, 디자인권을 얻기 위해서는 위와 같은 요소들이 충족되어야 합니다. 따라서 디자인권 침해와 관련된 사안에 대해서는 더욱 엄격하고 복잡할 수밖에 없습니다.

디자인권 침해 여부를 확인할 때 가장 중요하게 판단되

는 기준은 '디자인의 유사성'입니다. 디자인권의 경우 물품과 불가분한 권리이기 때문에 유사여부를 판단할 때 물품의 유사여부에 따른 디자인의 유사여부를 판단하여야 합니다.

일반적으로 디자인의 유사여부는 디자인의 대상이 되는 물품이 유통 과정에서 다른 물품과 혼동될 우려가 있는지를 종합적으로 살펴 판단합니다. 판단 기준은 주로 형상, 모양, 색채 등을 중점적으로 살펴보게 되는데요. 형상과 모양 중 어느 하나가 유사하지 않으면, 원칙적으로 유사하지 않은 것으로 봅니다. 이러한 유사도 평가 과정에서도 물품에서 잘 보이는 면에 비중을 크게 두고 있고, 제품 구성에 있어 필수적으로 있어야 하는 부분에 대해서는 좀 더 심도 있게 평가하고 있습니다.

디자인권과 관련한 사례를 예로 들어 볼까요? 한 유명 주류 회사에서 '두꺼비'를 캐릭터로 브랜드 이미지를 구축하고 홍보했습니다. 이를 본 D씨는 자신의 두꺼비 그림과 유사하다며 소를 제기하였지만, D씨의 주장은 받아들여지지 않았습니다.

그 이유로 재판부는 D씨의 두꺼비 디자인은 뒷발을 길게 펴고 서 있고, 주류 회사는 양발을 앞으로 뻗고 웅크려 앉은 형상이라고 보았습니다. 즉, 두 디자인은 소비자로 하여금 두 디자인을 혼동할 우려가 없다고 판단했던 것이지요.

디자인권은 엄격한 심사 절차를 거치는 만큼, 디자인권의 유사도 판단 기준에 있어서도 세부적인 요소 하나하나가 판단 기준으로 무척이나 중요하게 작용합니다. 그렇기 때문에 자신이 만든 디자인에 대한 주장이 쉽게 받아들여지지 않는 경우도 왕왕 있습니다.

　　디자인을 등록할 때, 가급적이면 디자인의 형태를 아주 구체적으로 표현하고, 디자인권 이외에도 저작권 또는 상표권을 통해 자신만의 디자인을 지키는 것이 바람직해 보입니다.

에필로그

안전하고 바르게 지켜 나가는 지식재산권 일상

하루가 다르게 기술이 발전하고 정보통신이 혁신적으로 진화하면서 우리 사회는 '공유'의 보편성이 더욱 강해진 분위기입니다. 온라인을 통해 저장한 사진, 주로 사용하는 물건, 좋아하는 브랜드 등은 이미 나 아닌 다른 많은 사람들에게도 사랑받고 있지요. 대다수의 사람들이 가지고 있고, 비슷한 취향을 나누는 것들이기도 합니다.

이에 사람들은 '나'만이 가지고 있는 것에 대한 중요성을 점차 실감하게 된 것 같습니다. 소비 트렌드도 조금씩 달라지는 듯한데요. 과거에는 '소품종 대량생산'이 주된 흐름이었다면 최근에는 고객의 니즈에 맞게 '다품종 소량생산'으로 바뀌고 있다고 합니다. 또, 전 세계를 통틀어 지식재산권 관련한 출원도 증가하고 있고, 지식재산권을 기반으로 한 스타트업 기업들도 여럿 생기고 있습니다.

이처럼 지식재산권은 '나'만의 특성을 세상에 알리는 수

단이라 볼 수 있습니다. 콘텐츠가 대중에게 공개되면, 많은 사람들이 이용할 수 있게 됩니다. 명성과 부를 쌓을 수 있지만, 한편으로는 원작의 가치가 훼손될 수도 있지요. 원치 않는 소송이나 문제제기로 힘겹게 갈등과 다툼을 이어 가는 경우도 있습니다.

십수 년간의 변호사 생활을 하며 지식재산권 보호에 힘쓰며 경험한 많은 사례들을 재미있게 풀어내고자 했어요. 시대 변화에 따른 새로운 이슈들을 전달하고자 '법률사무소 미주' 블로그에 알기 쉽게 연재한 글이 책의 바탕이 되었습니다. 지식재산권이 생소하게 느껴질 이들에게, 지식재산권으로 어려움을 겪고 있는 이들에게, 지식재산권이 궁금한 이들에게 발돋움이 되면 좋겠습니다.

빛과 그림자가 동시에 존재하는 현실 속에서, 지식재산권은 창작물의 주인이 '나'임을 법적으로 증명하고 가치를 보호해 주는 권리입니다. 저작물은 별도의 등록이 없더라도 창작되는 그 순간부터 저작권의 보호를 받습니다. 마찬가지로, 우리 역시 이 세상에 발을 디딘 순간부터 나 자신으로 온전한 의미를 가지게 되잖아요.

세상에 동일한 저작물은 없듯, 나와 동일한 사람도 없습니다. 그렇기 때문에 나 자신이 가지는 의미를 남들에게서 찾는 것도 불가능하겠지요.

삶은 눈부시게 아름다울 때도 있고, 마음 시리게 고통스러울 때도 있습니다. 저작물로 인정받기 위해 창작성과 노력이 필요하듯 우리도 성장하기 위해 감수해야 할 인생의 여러 단계들이 있습니다. 그 시간들을 버티고 나면 언젠가 '나'의 가치를 세상에 당당히 공개할 수 있는 날이 찾아오게 마련입니다. '나'라는 저작물을 만들어 나가는 고유한 삶을, 굳이 남들이 가는 길과 비교하지는 않았으면 합니다. 남들이 살아가는 시간에 조급해하지도, 남들이 가진 것을 내 것처럼 여기고 따라 하지도 않았으면 합니다. 참고가 되는 선에서 남의 것을 안전하고 바르게 활용하고, 내 것을 멋지게 가꾸어 지식과 재산을 정당하게 쌓아 가는 힘을 기르면 좋겠습니다. 이 책이 그 과정에 알뜰한 도움이 되길 바랍니다.

글을 마치며, 뛰어난 아이디어와 기획으로 이 책을 꾸릴 수 있는 발판을 마련해 준 김건희 인턴사원에게 특별히 감사함을 전하고, 앞으로 성장하며 콘텐츠를 자유롭게 만들어 나갈 나의 가장 소중한 두 아이에게 깊은 고마움과 사랑의 마음을 보냅니다.

2023년 완연한 봄날,
김 미 주

챗GPT가 내 생각을 훔친다면?
미래 세대를 위한 지식재산권 수업

1판 1쇄 발행 2023년 4월 14일
1판 4쇄 발행 2023년 11월 30일

지은이   김미주

편집   이혜재
그린이   도아마
디자인   MALLYBOOK
제작   세걸음

펴낸이   이혜재
펴낸곳   책폴
출판등록   제2021-000034호 (2021년 3월 15일)
전화   031-947-9390
팩스   0303-3447-9390
전자우편   jumping_books@naver.com

ISBN 979-11-981765-5-4 (43300)

너와 나, 작고 큰 꿈을 안고 책으로 폴짝 빠져드는 순간
책폴

블로그   blog.naver.com/jumping_books
인스타그램   @jumping_books